変わろう。

壁を乗り越えるためのメッセージ

井口資仁

撮影／小島真也

福岡ダイエーホークスでプロデビュー／時事

AP／アフロ

米大リーグ、シカゴ・ホワイトソックスでいきなりワールドシリーズ制覇に貢献／アフロ

千葉ロッテマリーンズでの
引退試合でホームランを放つ／スポーツニッポン新聞社／時事通信フォト

スポーツニッポン新聞社／時事通信フォト

変わろう。

壁を乗り越えるためのメッセージ

井口資仁

角川新書

マク✓

はじめに

２０１８年のシーズンから千葉ロッテマリーンズの監督としてチームの指揮を執ることになりました。昨季まで現役選手としてグラウンドでプレーをしていましたから、指導者としての経験はありません。監督としては初心者。勉強の日々が続いています。

それでも、求められていることは、昨季は最下位に終わったチームの再建です。自分に何ができるのかは正直、分かりません。昨年10月に正式に監督就任が発表されてから手探りの状況が続いています。でも、昨年の9月24日の引退試合後に行われた引退セレモニーのあいさつの中で話をさせてもらったことがあります。

「我がマリーンズは、このような順位で終わるようなチームではありません。まだまだ、伸びしろのある中堅、若手選手がたくさんいます」

この言葉が全てだと思っています。指導者の経験はありませんが、幸いなことにずっと一緒にプレーしてきたことで、チームメートとしてみんなのことを誰よりも分かっているつもりです。私がやるべきことは、チームのみんなが持っている力をどうにかして引き出すこと。そうすれば、チームは必ず勝つことができる。そう信じています。

ここまで生きてきたこと、野球選手として学んできたこと、そして日米での21年間のプロ野球選手としての経験。それら全てが、これから監督として采配（さいはい）を振るときのベースとなるのだと思います。

使命というと大袈裟（おおげさ）かもしれませんが、人にはそれぞれ、その時々に果たすべき役割というものがあるのだと感じています。現役を引退するタイミングで監督のお話をいただいたことも、それが使命だと考えて、全力を尽くすつもりです。

今季からのチームをどうやってつくり上げていくのか。その基礎になる私の野球人生を振り返りたいと思います。

目次

はじめに　3

第1章　引退の日　9
最後の打席／引退の朝／涙は見せない

第2章　監督就任　25
何かを変えないといけない／秋季キャンプで始動／選手の「自主自律」を目指す／母に毎日投げてもらったシャトル／最後のシーズンの前に／これを起爆剤に／福岡の思い出／引退試合に向けての必死の調整

第3章　王会長とギーエン監督の教え　55
王会長の言葉／シャワー室でのアドバイス／トスバッティングのような感覚で打て／短冊を日本刀で切る練習／コミュニケーションの天才、ギーエン監督／スマートボール／2番打者としての苦悩／「MVPはイグチだ」／チームに芽生えた「つなぎの意識」／信じられていれば、自分を犠牲にできる／2年目も2番打者／3年目のけが／突然のトレード／涙が止まらなかった／日本人は考えすぎ／「スタットキャスト」の活用

第4章 壁の乗り越え方 115

壁にぶつからない人間などいない／何でもいいからタイトルを取れ／目標から逆算して考える／配球と投手の癖を見抜く／配球が分かると打撃にも好影響が／金森さんとの出会い／「引きつけ打法」の極意／問題の本質は何かを考える／二塁手へのコンバート／魅せるプレーではなく、プレーを魅せる／変化を恐れないこと

第5章 メジャーから持ち帰ったこと 151

憧れたのは秋山幸二外野手／制限されるから考える／小久保裕紀さんの背中を追って／伸び伸びプレーした方が結果につながる／世界のトップを見

てみたい／背中で引っ張れる選手になりたい／チームプレーに徹する

第6章　新生マリーンズの進む道　175

選手がプレーに打ち込める環境をつくること／伝える力／3本のライン／プロ野球選手の「責任」／「野球バカ」にはなりたくない

記録アラカルト　190

井口資仁　年度別打撃成績　191

第1章　引退の日

最高に幸せな選手人生だった。

プロ野球の世界に飛び込んでから日米で通算21年間の選手生活を終えて、心の底からそう言えます。

●最後の打席

２０１７年9月24日。球団が用意してくれた引退試合がデーゲームで開催されました。本拠地ＺＯＺＯマリンスタジアムで行われた北海道日本ハムファイターズ戦。試合は進み、午後5時が近づいて、薄曇りの空に夕闇が迫ってきていました。試合開始直後から点灯していた照明の明かりが徐々に力を増して、人工芝やファウルラインの白線がカクテルライトに浮き上がって見えてきた頃、九回を迎えました。

日本ハムに七回に逆転されて1・3と2点を追う展開。打順は5番から始まります。私は「6番・指名打者」として先発出場していましたから、チームがこのまま得点できなければ、ここで回ってくる打席が現役最後になります。九回表の守備が終わり、ネクストバッターズサークルに向かうと、代打出場に備えて清田育宏（きよたいくひろ）外野手がバットを振っていました。

２００９年に、米大リーグで4年間のプレーを終えて、千葉ロッテマリーンズで日本球界に復帰しました。その翌年、新人としてロッテに入団してきたのが、清田です。毎年、恒例となっていた沖縄での自主トレーニングにも２０１１年から参加して、私の背中を追ってきてくれた後輩です。このシーズンは万全な状態でないこともあって長く不振が続き、清田はこの日も先発メンバーからは外れていました。私の引退試合に出場したいと強く願っていてくれたことも分かっていました。打席に備えて無心にバットを振っていた清田に近づくと、後ろから声を掛けました。

「さあ、行こうか」

九回からマウンドに上がる日本ハムの増井浩俊(ますいひろとし)投手の投球練習に合わせて、２人で２度、３度と素振り(すぶ)りを繰り返しました。

九回裏が始まると、清田が初球を右前安打して出塁してくれました。２点差。打席に向かうときに頭の中に最初に浮かんだのは「バントは絶対にない場面。併殺だけはまずいな」というものでした。ベンチではみんなに「ホームラン、ホームラン」と声を掛けられていましたが、自分の中では本塁打を狙う気持ちはありませんでした。

引退試合を前に考えていたのは、安打にならなくてもいいから、最後に右中間へ理想としている強い打球を打ち上げたい。そのことだけでした。実はこの前の打席で、自分の理想に近い感触を得ることができていたので、自分の中では満足している部分もあったのです。

その打球は結果としてファウルでしたが、ボールを右手で押し込んだ感覚がはっきりと残りました。打球は右翼ポールの右側に高く上がりました。本塁打にこそなりませんでしたが、それまでスライスしていた右方向への打球が、真っすぐ切れずにスタンドに飛び込んだのです。ゲームの中で感覚が徐々に戻ってきている、もう少し打球を捉（とら）えるポイントを前にすればフェアゾーンに入るな、という確信はありました。

場内アナウンスで自分の名前が呼ばれ、歓声が上がる中で打席に入りました。打席では、いつものように左足と右足で打席の土をならし、右足で掘って立つ位置を決めます。バットを1度、ぐるっと回して構えました。スタンドからは「ホームラン、ホームラン、イグチ」のコールが沸き起こっていました。

一塁を見ると、先頭打者で安打を打って出塁した清田が泣いているのが目に入りました。「これはまずい」と思いました。引退試合では絶対に泣かないと決めていましたが、人が泣いている姿を見ると、どうしてもつられて泣きそうになってしまいます。だから、なるべく一塁の方向を見ないようにしました。

この試合は約1カ月ぶりの実戦でしたが、二回に先頭打者で回ってきた第1打席でレフト前にヒットを記録しました。日本ハムの投手陣がみんなストレートで真っ向勝負をしてきてくれていて、その気持ちがうれしく、1球1球の対決に感謝していました。九回の打席での増井投手も初球から直球でした。内角低め。バットを強振しましたが三塁線へのファウル。大きく息を吐いて仕切り直しです。

「イグチ打て、イグチ打て、ラララ」

この日、球場で来場者に配られていた大きなシートがありました。表側は私の顔写真、裏側には大きく私の背番号である6の数字がプリントされています。球場中のお客さんがみんな「6」の字を掲げて声援を送ってくれる光景は壮観でした。

歓声がヒートアップする中、バットをゆっくり回してからテークバックの位置を決めると、投球に集中し直しました。そこから外角と内角低めへ2球連続でストライクゾーンを外れて2ボール1ストライク。打者が有利なバッティングカウントになったところで、一度、打席を外してヘルメットを脱いで汗を拭(ぬぐ)いました。

ルーティンのやり直しです。左足で軽く土を払い、バットを目の前でいつもより多く、4度回してから高く構え直しました。先ほども書いたように六回の打席でファウルを打った際に手応え（てごた）はつかんでいました。満足している部分はありましたが、同時にあとは方向の位置づけだけで、もう1打席あれば、何とか行けるかもしれないとも思っていました。構え直して増井投手の投球を待ちます。左足が動き出すのに合わせて、私も左足を上げてタイミングを取りました。このとき、すっと真ん中に入ってきた１４９キロの速球を無心で振り抜くことができました。

8月28日に1軍の登録を外れてから、さいたま市にあるロッテ浦和（うらわ）球場で2軍の選手に交じって、若い選手たちとともにバットを振り込んできました。自分の持ち味である右方向への強い打球を打ちたい。その思いも少しはボールに乗り移っていたのかもしれません。打球はバックスクリーン右へ一直線に伸びていきました。２０１７年はずっと、この打球がフェンス前で失速していました。打った瞬間は、これも入らないのではないかとの思いが頭をよぎりましたが、思った以上に打球が伸びていきます。フェンス際でジャンプして倒れ込む中堅手の西川遥輝（にしかわはるき）外野手の頭上を越えて、打球がスタンドに飛び込んだのが目に入りました。一塁を蹴ると、自然に拳を握った右手を上げていました。

本当にすごい歓声でした。ホームベースに帰ってくると、一塁コーチの松山秀明内野守備・走塁コーチと一塁走者だった清田が待っていてくれて、ハイタッチをしました。3-3の同点。自分の引退試合で本塁打を打てたことはもちろんうれしかったですが、それ以上にチームにとって意味のある一打だったことを誇りに思っています。

この後、延長戦に入り、十二回に鈴木大地内野手が右前打を放ってサヨナラ勝ちしました。チームを牽引していく覚悟を持っている選手として、ずっと期待をしていた鈴木選手。その大地が試合を決めてくれたことに、特別な思いを感じています。

●引退の朝

引退試合の日は、いつもと変わらない朝を迎えました。

この日は取材があったので、テレビ局の方が用意してくれた車で球場に入りましたが、いつもは自分で車を運転しています。車は1人でいられる空間です。オンとオフの切り替えを大事にしている私にとって、運転している間は重要な時間なのです。米大リーグのシカゴ・ホワイトソックスでプレーしていたときも、家族の住環境を考えて球場から車で40

分ぐらい離れた郊外の街に住んでいましたが、行き帰りのドライブが気分転換になっていました。試合後にはグラウンドでの嫌なことを忘れ、試合前にはプライベートな時間から選手としての戦闘モードに切り替える。ハンドルを握って球場に向かうときから試合への準備は始まっています。

引退試合があった日は朝から薄く雲が広がっていましたが、湾岸道路を走って球場がある幕張に近づくにつれて、青空が広がってきました。車が午前8時50分ごろに球場に着くと、試合開始までまだ5時間以上もあるのに既に多くのファンが集まっていて、びっくりしました。

午前9時50分ごろにグラウンドに出て、ウオーミングアップをしてキャッチボール。ベンチには私のことを支えてくれた多くの人たちが駆け付けてくれていました。二塁のポジションでノックを受け、現役として最後の試合前のフリー打撃を行いました。

「これが最後のバッティング練習なんだ」

そう感傷に浸って打撃ケージに入りましたが、バッティングそのものはとにかく酷いものでした。1軍から1カ月離れていたので、試合勘もそうですが、打撃投手が投げる球からも遠ざかっていました。久しぶりだったために距離感が全くつかめず、すっかり差し込まれて、なかなか思うような打球が飛びません。周りからも冷やかされてしまったほどで、感傷に浸っている場合ではありませんでした。

午後１時過ぎ、セカンドアップに備えてベンチに向かいました。まだ、日本ハムの練習が続いています。球場内にはお客さんにスタンドへ飛び込む打球への注意喚起などのアナウンスが流れ、試合前の球場特有のザワザワと雑然とした空気が漂っていました。たった１カ月程ですが、お客さんがあまりいない２軍で調整をしてきたので、１軍の試合前の雰囲気は久しぶりでした。21年間、毎試合毎試合、繰り返してきたこの時間を選手として楽しむのもこれが最後なんだなと漠然と思っていました。

日本ハムの打撃練習を眺めながら、他の選手が誰も出て来ないなと思っていたときでした。ベンチ脇から一列になって入ってきたチームメートの姿を見た瞬間に思わず、吹き出してしまいました。全員が私の背番号６をつけて登場したのです。６番のユニホームが似合う選手もいれば、全く似合わない選手もいましたが、最後に私を驚かそうとみんなで考えてくれたことが何よりうれしかったです。

試合は延長十二回の末のサヨナラ勝ちでした。午後２時に始まったゲームが終わったのは午後6時2分。薄紫色にたなびいていた雲も、気が付けばすっかり暗闇に溶け込んでいました。1死二、三塁の3ボール1ストライクから鈴木大地内野手が放った打球は右翼線へ鋭く弾み、もつれた試合に終止符を打ちました。

キャプテンとして苦しいシーズンだったと思います。それでもチームを引っ張るのだと、責任から逃げずに奮闘してきた大地が試合を決めてくれて本当にうれしく感じました。グラウンドで抱き合うと、みんなから水をかけられました。ナインみんなでできた輪がほどけたときには、大地と2人、ユニホームはびしょ濡(ぬ)れになっていました。引退試合のゲームセットの瞬間がこんなに印象に残るものになったのは、チームに関わる全員のお陰だったといくら感謝してもしきれない気持ちです。

●涙は見せない

試合後に行われた引退セレモニーも本当に感動しました。3万人を超えるお客さんが、ほとんど帰らずに私のために残ってくれていたのです。

セレモニーは午後6時20分過ぎに始まりました。バックスクリーン下のフェンスには、私が現役時代につけてきた背番号の「7」「15」「6」が書かれた巨大な横断幕にファンがメッセージをたくさん書き込んでくれたものが掲げられています。

1996年のドラフト会議後の福岡ダイエーホークス入団記者会見の様子から始まり、1997年のデビュー戦での満塁本塁打など、球団の方が編集してくれた映像がスコアボードのメインスクリーンに流れます。うれしかったのはホワイトソックス時代の2006年の二塁守備でのファインプレーに、ひときわ大きな拍手と歓声が上がったことです。

そのプレーは今でもよく覚えています。ホームベースの前で大きく弾み、投手の頭を越えて来た打球。前に出て捕球しようと回り込みましたが、ボールは予想以上に遊撃手寄りに切れて跳ねました。それでも2バウンド目で倒れ込みながら捕球すると、体が浮いている状態で上体を捻(ひね)ってそのまま一塁へ送球。間一髪でアウトにできました。

しかも、これは4-2の九回1死一塁という重要な場面でのプレーでした。ヒットになっていればピンチを招く場面だったので、好守という以上に、チームの勝利に貢献できたことがうれしかったのを覚えています。走攻守の全てでバランス良く活躍することを目指していた現役生活でしたが、ファンの皆さんからも守備で大きな拍手をしていただけたのは本当にうれしいことでした。

現役生活を振り返る映像が流れ終わると、いつもの甲高い声で場内アナウンスが流れました。

「千葉ロッテマリーンズ、イグチタダヒトー、背番号6」

手拍子に促されてホームベースの後方に立つと、サプライズのビデオメッセージが映し出されました。ホワイトソックス時代の監督だったオジー・ギーエン氏や当時のチームメートで4番を打っていたポール・コネルコ、ジェフ・ブラム、ゼネラルマネジャー（GM）だったケン・ウィリアムズ氏、オーナーのジェリー・ラインズドルフ氏にまで温かい言葉を贈ってもらいました。その後も青山学院大学と福岡ダイエーホークスでともに先輩だった小久保裕紀さんや毎年、沖縄で一緒に自主トレーニングをした阪神タイガースの鳥谷敬内野手、ロッテでチームメートとしてともに戦った阪神の西岡剛内野手、ダイエー時代の後輩で福岡ソフトバンクホークスの川崎宗則内野手をはじめ、プロ入りしたときの監督だった王貞治ソフトバンク球団会長にまでエールを送ってもらいました。

ホームベース後方で、スポットライトを浴びながらあいさつをしました。

「本当に最高の野球人生だったと思います」

「プロ野球選手は今日で終わりますが、また明日から次の夢、目標に向かって精一杯頑張ります」

「全ての方々に感謝して、今日ユニホームを脱ぎたいと思います。21年間、本当に本当にご声援、ありがとうございました」

途中、ちょっと言葉が詰まってしまったときもありましたが、最後は笑顔で締めくくることができました。ファンの皆さんをはじめ、周囲の方々への感謝の気持ちを、自分の言葉で伝えることができたかなと思っています。

花束を手に小久保裕紀さんや福岡ダイエーホークスに同期入団した柴原洋(しばはらひろし)元外野手、ダイエー時代のチームメイトで後輩の斉藤和巳(さいとうかずみ)元投手と、みんなが駆け付けてくれました。その最後に、引退セレモニーでは泣かないと決めていた私にとって最大の難関がやってきます。

娘の琳王(りお)と兄の子どもたちが花束を渡してくれることになっていたのです。ここでもし、琳王が泣いていたら、自分ももらい泣きしてしまうかもしれない。そう思っていましたから、琳王には事前に「笑って来いよ。絶対に泣くなよ」と繰り返し言い聞かせていました。

私の背番号6をつけたユニホーム姿で現れた琳王が言いつけを守って満面の笑みで花束を持って歩いてくるのが見えて「ああ、これで涙を見せずにすむ」とほっとしました。最後まで全力を尽くして、悔いなく終わる。そのために湿っぽい終わり方にはしたくなかったので「これで乗り切ったな」と安堵しました。

最後にグラウンドを一周させてもらいました。外野に行くと、私が歩くのに合わせて投げ込まれる白い紙テープが、カクテルライトに照らされてシャワーのように浮かび上がって迫って来ます。グラウンドとスタンドが一体となった光景は、まるで夢のようで幻想的でした。福岡ダイエーホークスで8年、米大リーグで4年、千葉ロッテマリーンズで9年。気が付けばロッテが一番長く在籍した球団になっていました。いつも熱い応援をしてくれるファンに最後の最後まで声援を送ってもらい、心からうれしく思いました。

右方向に理想の打球を打ちたいと引退試合の約1カ月前から2軍で調整してきました。現役時代の晩年は代打中心で、なかなか自分のスタイルで打つことができていませんでした。2軍で調整に専念することで、この1カ月間は自分の打撃のことだけを考えてバットを振り込むことができました。若手の出場機会を奪わないために、1軍から離れることを自分で決めながら、心の中ではどこかに寂しさも感じていました。しかし、十分な練習を積むことができて、結果として良かったのだと思います。

同点2ランという最高の形で成果が出て、「まだまだいける」と自分の中で感じられました。「まだ、やれる」と思ってもらえるところでバットを置きたい。ずっと、そう考えてきたので、まだやれるところをお世話になった方々やファンに見せることができて、最高の終わり方だったと思います。心の底から「これで悔いはない。これできっぱりやめられる」と言い切ることができました。

プロとして21年間、ずっと戦ってきたホームベース上で、チームメートに胴上げをしてもらいました。夢のような時間でした。今度は監督として優勝して、この大観衆の前で胴上げをしてもらいたい。その姿をファンの皆さんに届けないといけない。そう強く心に刻みました。最後の最後までファンの皆さんから声援を送っていただけて、とても幸せなひとときでした。

第2章　監督就任

●何かを変えないといけない

２０１７年10月14日。引退試合から20日後に、私は本拠地のＺＯＺＯマリンスタジアムにほど近いホテルでひな壇の上に座っていました。正式に２０１８年から千葉ロッテマリーンズの監督に就任することが発表され、就任記者会見に臨みました。

「先月24日に現役のユニホームを脱いでから、こんなにすぐにマリーンズのユニホームを着させていただいて、球団には本当に感謝しております」

「来年以降、しっかりとマリーンズを常勝球団にさせていただくために全力で頑張っていきたいと思います」

多くのメディアの方に詰めかけていただき、改めてプロ野球の監督に寄せられる注目度の高さと責任の重さを感じました。

球団から最初に監督就任の打診を受けたのは前任の伊東勤(いとうつとむ)監督が退任を表明した8月13日からすぐのころでした。自分の中では、いずれ監督として指揮を執りたいという思いはありましたが、同時にきちんと勉強したいという思いもあったので、そのまま監督としてユニホームを着続けるということはイメージしていませんでした。

6月20日に記者会見を開いてシーズン限りでの現役引退を表明した後、私が米大リーグに挑戦したときにお世話になったシカゴ・ホワイトソックスのジェリー・ラインズドルフ・オーナーからは「いつでも戻ってきていいよ」と言われていました。

実は他球団からも誘いを受けていましたし、一度はユニホームを脱いで、解説者や評論家としてネット裏から野球を見たり、アメリカで選手を指導する経験を積んだりした上で、いつか監督になれればいいな、というぐらいに考えていました。だから球団から監督就任の打診を受けたときには本当に驚きました。

球団にとっても、指導者経験が全くない私を監督にするという決断は決して簡単なものではなかったと思います。

「現役を引退してすぐに監督にするのはなかなか難しい、厳しいのではないかとおっしゃる人もいるかもしれませんが、私としては逆に強みも多分にあるというふうに判断しました。彼はいつもベンチで試合を分析して選手が心理的にどう悩んで、技術的にどう壁にぶつかっているのかを観察しているというふうに聞いたことがあります。誰よりも現時点でチームの状況を、弱点、進むべき道を知っているというふうに判断しました」

これは就任記者会見の中で山室晋也（やまむろしんや）球団社長が話してくださった言葉です。

正直、自分に監督が務まるのか、自分でいいのかという逡巡はありました。でも、チームのことを誰よりも知っている、その人に再建を託したいとの思いを伝えられたときに、そこから逃げ出すわけにはいかないと思いました。

何よりも、チームメートとして一緒に戦ってきたみんなともう一度、優勝を味わいたい。その気持ちが強く湧いて来ました。気が付けば私のプロ野球選手としてのキャリアは、ロッテでの９年間が一番、長くなっていました。

「このメンバーでビールかけをしたい」

「千葉のファンの前でパレードをしたい」

その思いで戦ってきていましたから、監督就任の話は大変、光栄でありがたいものでした。

経験のある人に監督を任せる選択もあったと思います。球団ＯＢをはじめとして多くの候補者の方がいたのだと思います。その中で敢えて自分を選んで、オファーをくださったことの意味を考えないといけないと感じています。私にしかできないことを求められているのだと思っています。だからこそ、どんな困難が伴おうとも、自分がやりたいと思うことをやろうと心に誓っています。

期待されていることとは何か。今、自分が果たすべき役割、使命とは何なのか。それはチームを変えることだと思っています。ロッテにお世話になった2009年からの9年間で、いろんなことを見て感じてきました。もちろん、いい部分をたくさん見てきましたが、誤解を恐れずに正直に言えば、ダメだと思ったことも多くあります。

野球が勝負事である以上、勝てていないということは、何かを変えないといけないということです。プロ野球の世界では勝ち続けるためには、勝っていても、変わっていかないといけないことがあるものです。ましてや、優勝から遠ざかっているということは、変わらないといけないことが必ずあるということです。

現役時代にも、ダメだと思ったことは、その都度、オーナー代行や球団社長、球団本部長に話をしてきました。もちろん、選手の立場として、コーチが指導する領域には踏み込んではいけません。そのために、我慢したり、言うのを控えたりしたこともたくさんありましたが、チームに対して感じることは、なるべく率直に話してきたつもりです。その時々に、私が話してきたことを聞いてくれていて、今回の監督就任要請につながったのかなと勝手に想像しています。

ただ、そこまで考えられるようになったのは9月24日の引退試合が終わってからです。監督就任の打診を受けたときは、まだ8月でしたから、引退試合に向けて自分のコンディションを整えることで頭がいっぱいでした。監督を引き受けるかどうかということも含めて、あまり考えないようにしていました。

引退試合が終わり、監督を引き受けると決心してからは、それぞれの選手をどう変えていかないといけないのか、どう変えていけるのかを考えることで徐々に頭の中がいっぱいになっていきました。考えれば、考えるほど、その責任の重さに、就任会見でも何度も口にしましたが、本当に身が引き締まる思いがしたものです。

チームのことを考えるとじっとしていられず、就任記者会見が終わるとそのまま羽田空港に直行させてもらいました。宮崎県内で行われている2軍の選手を中心とした秋季教育リーグのみやざきフェニックス・リーグを視察させてもらうためです。若手が中心のチーム編成で参加しますが、プロに入って9年目のシーズンを終えた西野勇士投手や28歳の藤岡貴裕投手がフェニックス・リーグで投げたいと志願してくれていました。2人とも2017年は不本意な成績に終わっていました。「何かを変えたい」。そういう気持ちを前面に出してくれている彼らのプレーを早く直接、見たかったのです。

残念なことに台風の影響もあって、宮崎はずっと雨で試合を見ることはできませんでしたが、その分、選手たちとたくさん話をすることができました。

監督になると選手のときに比べて距離が遠くなりがちだと思います。それでも、できるだけ今まで通りに接するようにしています。選手からも「井口監督」と呼ばれるよりも、「井口さん」と言われることの方がしっくり来ます。端から見ると、あまり監督らしくはないかもしれません。でも、1年間を通じて、選手というのはつらいこと、苦しいことの方が多いものです。しっかりと言葉を掛けてコミュニケーションを図ることで、選手の思いをくみ取っていきたいと考えています。

●秋季キャンプで始動

10月21日からさいたま市のロッテ浦和球場で秋季練習をスタートさせて、11月1日からは千葉県鴨川市で秋季キャンプを張りました。全体練習が終わった後に、個別の練習に多くの時間を割きました。特にソフトバンクと横浜DeNAベイスターズが日本シリーズを戦っている裏側で、秋季キャンプで苦しい思いをしたのは大事なことだったと思っています。

この時期に大観衆の前で試合ができるのは、日本のプロ野球ではたった2チームしかありません。彼らが大歓声を受けて試合をしているのを横目に、自分たちは練習をしなければいけない。その悔しさを感じてほしい。プロ野球選手でいる以上、その悔しさを、地を這(は)うような練習にぶつけて、今度は自分たちがその2チームの一つとなり、最後まで試合をできる幸せを感じてほしいと願っています。

秋季キャンプには51人の選手を連れて行きました。例年はベテランや主力は参加を免除して30人前後の若手だけでキャンプをしていました。でも、6年ぶりの最下位という結果に終わり、厳しいようですが、休みを取っていられる選手はいないと思ったのです。参加しなかったのは外国人選手と41歳の大ベテランの福浦和也(ふくうらかずや)内野手、投手陣でもベテランの大谷智久(おおたにともひさ)、涌井秀章(わくいひであき)、内竜也(うちたつや)だけです。手術明けの根元俊一(ねもとしゅんいち)内野手らリハビリ組にも参加してもらいました。

毎日6時間以上の厳しい練習を課しました。練習量だけでなく、質も濃密なものにしたつもりです。これまでの秋季キャンプでは午前10時に投手、野手の全員が陸上競技場に集まって、一斉にウオーミングアップを始めて強化メニューまでをそろってやっていました。これだと順番待ちができてどうしても無駄な時間ができてしまいます。待ち時間が多く、実際に自分が動いているのは極端に言えば、半分ぐらいしかありませんでした。

それを解消するために、今回は野手を大きく2グループに分けて、一方がメイン球場でフリー打撃を行っている間に、片方は室内練習場やサブグラウンドで練習メニューをこなすようにしました。

大リーグのキャンプでは、だいたい4グループに分かれて練習をします。グラウンドも4面あるので、それぞれのグループが順番にグラウンドを入れ替わりながら効率良く練習ができるのです。メジャーの施設と同じというわけにはいきませんが、鴨川の施設をフルに活用することで、少しでも無駄な時間は省きました。

練習開始時間を1時間早め、個人個人で準備ができるアップは30分で切り上げて、その分を全体での練習時間に割り当てました。午後2時ころからは、個別の課題に取り組むための時間に充てました。もちろん、一部には指名してやらせる練習もありましたが、基本はそれぞれの選手に自分が必要だと思う練習を判断させるようにしました。

打者にはコーチとしてロッテに復帰してもらった金森栄治(かなもりえいじ)さんの指導の下、練習メニューが組まれ、最後にグラウンドに12人が並んで行うロングティーは壮観でした。必ずこの猛練習が翌年につながると信じて、陽が傾く中、バットを黙々と振り込む姿を見ていました。

厳しさを前面に出した秋季キャンプでしたが、グラウンドには笑い声もあふれていたと思っています。練習はつらいだけでは、どうしても集中力やモチベーションが下がってしまいます。紅白戦で敗れたチームに罰ゲームを与えるなど、遊びの部分を忘れないようにすることで、限界に来たと思っていても、楽しみながらもう一歩、踏ん張って練習ができるように工夫したつもりです。

●選手の「自主自律」を目指す

現役時代は自分のプレーで引っ張ることができました。言葉で伝えなくても、誰よりも早くにグラウンドに入り、誰よりも遅くまで練習に取り組むことで、若手選手にやるべきことを示すことができました。試合でもチーム打撃を率先してやることで、他の選手もチームが勝つことに何が必要なのかを感じ取ってくれていました。

しかし監督は選手時代とは違い、言葉でしか伝えることができません。より言葉が大事になってきます。でも、言葉だけではやはり人は動きません。言葉以上にどう環境をつくってあげるのかが大事なのかなと思っています。言葉で縛るのは簡単ですが、今、球団と一緒に目指しているのは、選手の「自主自律」です。

自己責任で行動できる選手を育てたいと思っています。秋季キャンプでは門限を撤廃するなど選手に任せました。何から何までお膳立てしてあげるのではなく、自分たちで形をつくっていってほしいと考えてのことです。これがうまくいくかどうかは分かりません。失敗するかも知れません。それでも、一人一人が自立して、自分で考えて行動できる選手になってほしいと願っています。

ロッテの選手は本当に仲が良いのです。みんなで一緒にランニングをして、みんなで一緒にバッティングをして、みんなで一緒にご飯を食べにいく。もちろん、仲が良いことは悪いことではありませんが、一つ間違えばそれは群れているだけになります。

選手は同じチームの中でもポジションを争うライバルです。みんなと同じことをしていて相手に勝てるでしょうか。選手時代に横で会話を聞いていると、みんな自分が今、どんな練習をしているのかを教え合っています。その姿を見ていて、本当にレギュラーを奪いたいと思っているのか疑問に感じていました。

今のロッテの状況は、定位置を確保できていなくても1軍に手が届いている選手にとっては、とても居心地のいい場所だと思います。でも、それに満足していて、この世界で何年、プレーできるのか。そのことをもっと真剣に考えてほしいと思うのです。

自分がどういう特長を持ったプレーヤーで、チームのために何をしないといけないのか。そのためには今、自分がするべきことは何か。そのことを自分で感じ、考えられるようになってほしい。そのために、2018年シーズンは開幕からレギュラーを固定しようと思っています。

レギュラーを決めるからには、簡単には替えないつもりです。レギュラーになれなかった選手にとっては、出場機会が限られることになると思います。出場するためには、ライバルに勝って、定位置をつかまないといけません。人と一緒に群れていたら、その競争には勝てないと危機意識を持ってほしいのです。

選手が自分の役割を決めるためには、首脳陣が選手の適性を正確に把握して、役割を与えてあげないといけません。役割をあやふやにしたり、コロコロと変えてしまっては選手は戸惑うばかりです。選手が目指すべき場所がはっきりするように役割を固定して明確にしてあげたいと思っています。それが監督となった私の使命であり、役割なのだと思います。

2017年のロッテはレギュラーが固定できていませんでした。打順も日替わりで変化していました。鈴木大地選手は4番を任された試合もありましたが、やはり本来は4番タイプの打者ではありません。

「4番目に置いているだけで、いつものバッティングをすればいいんだよ」

いくら、そう話して聞かせても、やはり選手というのは打順の固定観念にとらわれてしまうものです。2番に置かれれば、2番打者らしい打撃をしないといけないと思い込んでしまいます。

それぞれの選手が迷わなくていいように、役割を明確にしてあげることが大事になると思います。レギュラーを決め、打順を固定する。そのために開幕までは徹底して競争してもらいます。1軍も2軍もありません。キャンプでは1、2軍の区別をなくし、ホテルも一緒にしました。全員が横一線で、自分の持ち味をアピールしてもらい、適材適所に配置することから改革が始まると思っています。

もう一つの私の仕事は、レギュラー争いに敗れた選手へのアプローチです。チームは先発出場する選手だけで構成されているわけではありません。必ず控え選手が必要で、彼らは単なるスペアではありません。代打、代走、守備固め。それこそ選手の役割をより明確にしてあげる必要があるのは、ベンチで控えている選手たちの方だと思います。

一人一人が自分の役割を理解していれば、試合の流れに応じて、自然と準備ができるはずです。全員が自分の役割を持って使命を果たす。チームのために全員が同じ方向を向いて戦うことができれば、勝利に近づくはずです。

勝負は時の運とは言いますが、昨季、最下位だったチームが簡単に上位に浮上できるほどプロの世界は甘くありません。それでも、練習は絶対に裏切らないし、チームのために全員が一致団結できるチームをつくることが、常勝チームをつくる第一歩であることは間違いではないと思います。好結果がすぐに出るとは限りませんが、必ず努力は将来につながっていくと信じています。

●母に毎日投げてもらったシャトル

物心がついたときには、当たり前のように野球のボールで遊んでいました。プロ野球選手になってからでも、気が付けば21年がたっていました。最後のシーズンと決めて臨んだ2017年の開幕戦。いつの間にか現役野手最年長という肩書がついて回っていました。

「引退」

この言葉を自分から使うことができるのは、野球選手にとってすごく幸せで、恵まれたことだと思います。毎年約100人の新人選手が入団し、同じだけの選手がユニホームを脱いでいくのが、プロ野球の世界です。もっと現役を続けていたいと思っていても、契約を更新してもらえなければ選手としては終わりです。バットを置くタイミングを自分で決めることができる。そんな幸せな野球人生を送れたのも、自分を育て、信じてくれた周囲の全ての人たちのお陰だと思っています。

常に感謝の気持ちを忘れないようにと胸に刻んでプレーしてきましたが、引退した今改めて、野球選手・井口資仁(ただひと)を支えてくれた人たちへの感謝の思いしかありません。

2016年の夏のことです。正確な日付は覚えていませんが、埼玉西武ライオンズとの試合前に実家に寄ったときでした。実家はメットライフドームやチームが宿舎にしているホテルのある東京都立川(たちかわ)市から近くにあるため、西武との試合があるときには実家に顔を出して、墓参りをし、神社に寄ってから3連戦に臨むのをルーティンにしていました。このときもそうだったと記憶しています。

　実家で今後のことを心配する母に「もう1年はやるよ」と話をしました。逆に言えば、もう1年だけ。「来年限りで引退する」との考えを伝えたのです。

「引退」についてはっきりと誰かに話をしたのは、これが初めてだったかもしれません。でも、母からは「それよりも来年も契約してもらえるの?」という言葉が先に出ました。母にとってはいつまでも手の掛かる息子で、心配させている存在なのかもしれません。


　これまでの人生を振り返ると、私の野球の原点に母は深く関わっています。高校は文武両道を旨とする國學院大學久我山高校に進みました。私が入学する前にも春と夏の甲子園大会に出場した実績はありましたが、決して野球強豪校というわけではありません。

　学校では最終下校時間が校則で決められていました。部活動も午後6時半までには練習を終えて帰宅しなければいけません。学校での練習だけでは足りない分は、自分で工夫してやるしかありません。自宅でバットを振るのが日課でした。

　そのときの練習の一つが、バドミントンのシャトルを母に投げてもらって打つというものでした。夜に硬球を打つとどうしても打球音が出て近所に迷惑が掛かるので、シャトルをたくさん買ってきて、ボールの代わりに打つようになりました。

近所迷惑にならないようにというのがきっかけでしたが、この練習法は考えていた以上に効果のあるもので、結果として打撃の基本を身につけることにつながりました。

シャトルを至近距離から投げてもらって打つのですが、これがすごく難しいのです。シャトルは羽根の影響で小刻みに軌道が変化します。当たる面も小さいので、バットの芯で完璧に捉えるのは至難の業です。毎日１時間以上はやっていました。この練習を通じて選球眼を磨き、バットコントロールが向上しました。小さくて軽いシャトルを振り切ることでスイングスピードを上げることにもつながったと思います。私の打撃の基礎は、この母とのマンツーマンの練習だったと言っても過言ではありません。

母は野球はもちろん、ソフトボールの経験すらあったわけではありません。スポーツは好きな人でしたが、普通の主婦です。それでも私にとってはプロに入った後も大事な助言をしてくれる存在でした。試合が終わると毎日、かつてはメールで、最近はＬＩＮＥで「引っ張らない」「センター返しを心掛けなさい」「フライを打ち上げない」などのメッセージを送ってくれていました。いつも私のことを気に掛けてくれていた母に、最初に「引退」の決意を話したのは自然なことだったのです。

●最後のシーズンの前に

球団に「引退」する考えを伝えたのは２０１６年12月３日に行われた契約更改交渉の席でのことです。翌日が42歳の誕生日でした。

フロントの方に「来季限りでユニホームを脱ぎます」とお話しした後で、もう一つ、お願いをさせてもらいました。

「開幕前にファンに引退することを公表してからシーズンに臨みたい」

球団にはその思いも理解してもらいました。

近年、米大リーグではシーズン前に引退を発表するケースが増えています。先陣を切ったのは２０１３年限りで引退したニューヨーク・ヤンキースのマリアノ・リベラ投手でしょうか。１９９５年の大リーグデビューからヤンキース一筋に活躍。鋭く変化するカットボールを武器にメジャー歴代最多の通算６５２セーブを挙げたレジェンドです。もともと２０１２年が契約最終年で引退を示唆する発言をしていました。それが５月に右膝靭帯を練習中に断裂。「このままでは終われない」とリハビリに取り組み、13年３月９日にキャンプ地の米フロリダ州タンパで記者会見を開いて「今季終了後に引退する。ワールドシリーズで最後の１球を投げられればいい」と宣言して43歳のシーズンに臨みました。チームのプレーオフ進出こそなりませんでしたが、自身は６勝２敗44セーブ、防御率２・１１と抜群の成績でキャリアを終えました。

これに続いたのが、同じくニューヨーク・ヤンキースで通算３４６５安打を放ったデレク・ジーター選手です。引退した２０１４年の春季キャンプ前に、「今年がプレーする最後のシーズンになる。もう一度、世界一になりたい」との声明を発表して最後のシーズンを過ごしました。

そして何より、私が最も影響を受けたのは、ボストン・レッドソックスのデビッド・オルティス選手が引退する姿でした。

２０１５年に自身９度目の「30本塁打、１００打点」を同時達成しながら、11月18日に２０１６年シーズン限りで現役引退すると電撃的に発表しました。16年のシーズンは３年ぶりに盗塁を記録し、５月には通算20度目のサヨナラ安打をマーク。８月には30号を放ち、自身10度目の「30本塁打、１００打点」を達成しました。１２７打点でトロント・ブルージェイズのエドウィン・エンカーナシオンと打点王を分け合うなど、全盛期にも負けない成績を残しながら、宣言通りにユニホームを脱いだのです。

この3人に共通していることは、最後のシーズンを余力で送ったわけではないということです。最高の姿を見せるために、全力を尽くす。私もそうありたいと感じていました。


自分の中で決めていたことがあります。余力を持って、惜しまれてバットを置く。2013年に日米通算2000安打を放ったころから、ずっと引き際を考えていました。漠然とあと4年ぐらいと思い定めていましたから、2017年シーズン限りというのは、自分の中ではイメージしていた通りで、予定通りだったと言えます。

日本プロ野球名球会が共同通信を通じて地方紙に掲載している「名球会リレーコラム」という連載があります。その1回を2017年1月に書かせてもらいました。まだ引退を発表していない時期でしたが、言葉の端々に強く「引退」への決意がにじむ文章になっていました。担当の方からは、表現を心配もされましたが、自分の中では決めていたことなので迷いはありませんでした。

何より、もう引退するからと言って、おざなりなシーズンを送るわけではありません。オルティス選手のように最高のシーズンを送って、チームに貢献してキャリアを終わりにしたいと思っていました。だから、そのコラムの中でも「もちろん、グラウンドに立てば年齢は意識しません。18歳から40歳を超える選手までが、同じフィールドで戦うのがプロの世界です。結果が全て。年齢は関係ない。1月は沖縄で自主トレーニングに励んでいますが、ベテランだからといって開幕に合わせればいいとは思っていません。キャンプ初日から即実戦に入れるように仕上げる。その考えは、新人のときと一緒です」と書かせてもらいました。

●これを起爆剤に

当初は開幕前に「今季限りでの引退」を発表する予定でした。それがオープン戦でチームが13勝2敗3分けの1位と絶好調だったこともあり、自分の個人的なことでせっかくいい雰囲気で来ている開幕前のチームに影響を与えたくないと思い、発表は見送りました。

開幕の前を避けると、発表の日程はセ・パ交流戦終了後とオールスターゲームの休み期間中の二つしかありません。チームがオープン戦の結果とは正反対に開幕から低迷したこともあり、ファンの皆さんへの引退表明は交流戦終了後のタイミングになりました。

２０１７年６月20日。チームは交流戦の全日程が終わり、ＺＯＺＯマリンスタジアムでの練習日でした。午前中のグラウンドでの練習開始前に少しだけ時間をもらいました。円陣の真ん中に立ち、チームメートに語り掛けました。

「今年でユニホームを脱ぐことを決めました」

そう報告するとどよめきが起きました。「本当にやめるんですか」という声をいくつももらいましたが、みんなには「最下位に低迷しているチームに、自分が引退を表明することを何かのきっかけにしてほしい」と伝えました。

午後に球団に記者会見を開いていただきました。多くのメディアの方にも集まってもらい、自分の思いを自分の口でファンの皆さんに向けて語ることができたのは本当に良かったと思います。報道の方々に何度も現役時代の思い出を聞かれましたが、記者会見に臨む上で決めていたのは、まだユニホームを脱いでいない以上は振り返ることはしないということでした。

チームは最下位に沈んでいました。応援してくださる方々には本当に申し訳ない気持ちになるほど厳しいチーム状況でしたが、チームメートも私自身も全力を尽くして戦う気持ちは失っていませんでしたし、プロである以上、少しでも上に進むための努力を怠るつもりもありませんでした。

一つでも多くの勝利、一つでも上の順位を目指したい。だから、記者会見の中で「長いプロ生活を振り返って」という質問を受けたときにも「まだまだ振り返るのは早いと思っています。残りの試合の中でこれまでのシーズン以上のいい思い出がつくれればいいなと思います。振り返るのは全てが終わってからにしたいと思います」と話をさせてもらいました。

私が引退を発表することで20勝45敗1分け、勝率3割3厘と低迷していたチームに〝化学変化〟が起きることを期待していました。

「これを起爆剤にして、みんなで一つでも順位を上げていきたい」

「自分自身、チームの和を一番大事にしている。いい方向に持って行けるようにするのも、私自身の役割だと思っています」

そう発言しました。結果としてチームはそのまま最下位に終わりましたが、少しでも前進できるように努力を重ねる。そのことを後輩たちには感じてほしいと願っていました。

自分が思い描いていた引退表明の状況とは、チーム状態が真逆になってしまいましたが、ずっと以前から決めていた引退のことを、自分の口でようやく皆さんに伝えることができたとの思いが強かったのでしょう。記者会見では考えていたよりも落ち着いた気持ちで受け答えすることができたように思います。会見でも記者の方から「笑顔が見えましたが」と聞かれるぐらい、自分の中ではすっきりしていました。

●福岡の思い出

引退を表明した後は、幸せなことが多く起こりました。9月24日の北海道日本ハムファイターズ戦を引退試合にすると発表されると、すぐにチケットが完売になったと聞きました。敵地を含めて、行く先々の球場でもファンの皆さんに温かい拍手と歓声で歓迎していただきました。

8月25日からの福岡ヤフオク!ドームでの福岡ソフトバンクホークスとの3連戦。自分にとってはプロとしてのキャリアをスタートさせた地で、特別な思いがありました。この3連戦を、9月24日の引退試合の前にプレーする最後の試合と決めました。

3連戦が始まる前に、伊東勤監督に「若い人をもっと使ってあげてください」と自分の考えを伝えました。そのときの話し合いで、この3連戦終了後に出場選手登録を外れることが決まりました。自分が外れることで、若手選手が1打席でも多く、出場機会を得られるのなら、チームにとってプラスだと考えたからです。

8月27日。引退試合前の最後の試合の相手先発は、偶然にも私の福岡ダイエーホークス時代の2003年に新人として入団してきた和田毅（わだつよし）投手でした。彼にとってもこの試合が、左肘（ひじ）の手術からの復帰戦。ずっと私のことを慕ってくれていた後輩との対戦は感慨深いものがありました。

「4番・指名打者」として出場。二回の第1打席、フルカウントからの8球目の外角低めへの直球を、腕をいっぱいに伸ばして捉えると、遊撃手の二塁寄りを抜いてレフト前への安打になりました。四回の打席では1ボール2ストライクから外角いっぱいへ140キロの直球を決められて空振り三振。通算1500三振目を献上してしまいましたが、1球1球の駆け引きを楽しませてもらいました。

そして本当の至福の時間は試合後に訪れました。ソフトバンクとロッテのファンが一緒になって球場全体で「イグチコール」をしてくれたのです。グラウンドを一周してあいさつに行くと、私のダイエー時代の応援歌で迎えてくれました。

ベンチ前に戻ってくると、一緒にダイエー時代に戦った工藤公康監督と和田毅が花束を持って待っていてくれました。

自分を育ててくれた福岡の地。デビュー戦でプロ初本塁打を放った思い出の球場で、総立ちのファンに囲まれて、夢のような幸せな時間でした。

●引退試合に向けての必死の調整

9月24日の引退試合までは2軍で若手に交じって練習に取り組みました。2軍投手コーチで青山学院大学の先輩でもある川越英隆さんが打撃投手を買って出てくれました。自分の持ち味である右方向への打球。それにこだわって毎日、全体練習後にも居残りで打ち込みました。
6、7年前に痛めた右手中指の関節に原因不明の腫れがあり、ここ数年はボールをミートしたときに十分に押し込むことができなくなり、徐々に握力が入らなくなっていました。関節の形も変化してきて、中指だけでなく、気が付けば隣の指にも影響が広がっていました。指が十分に曲がらなくなり、細いグリップを握りにくくなっていたのです。

最後は振り切ったときに小指が引っ掛かってバットから離れにくくなったために、握るときに小指を外さないといけなくなるなど打撃フォームにも影響していました。右手で押し込むことができなくなり、バットが遠回りするようになっていました。

これに追い打ちをかけたのが、２０１１年から2年間、いわゆる「飛ばないボール」と呼ばれる統一球（反発係数が基準を下回るボール）が使われるようになったことでした。それまでフェンスを越えていた打球が手前で失速するようになってしまいました。原因が分からないまま、自分が思っていた以上に飛距離が落ちたことで悪循環に陥ってしまいました。

先発から代打での出場が多くなると、自分の打撃スタイルである右方向への打球を追求するのが難しくなりました。代打では右方向へのチーム打撃というよりも、チャンスで安打が求められる場面での起用が多くなります。そのためには引きつけて右方向へ打つことよりも、引っ張ることの方が手っ取り早くなります。自分のスタイルが崩れていく中で、自分の感覚を保つことが難しくなっていました。本当に全てが負のスパイラルに入っていたのだと思います。

引退試合では、自分の中で失われていた理想の打球を打ちたい。最後の試合に向けて川越さんが投げてくれる球を必死に打って、自分の中に感覚を植え付けていきました。引退試合へ向けての調整といえども真剣勝負でした。大リーグ時代にずっとやっていたように朝6時には球場に入り、ウエートトレーニングから始めて、全体練習でも若手と同じメニューをきっちりこなしました。若手に手を抜いていると思われたくない。もうバットを置くことを決めていても、一切の妥協はせず、最後の瞬間まで全力を尽くす。そう考えていました。

2軍で練習をしていてうれしいことがありました。2年目の平沢大河（ひらさわたいが）内野手が午前7時ごろにひょっこりウエートトレーニング場に姿を現したのです。彼は打撃をはじめとしてプロ野球選手としての自分のスタイルを模索している時期です。

敢えて私の方から声を掛けることはしませんでした。今は、悩み、もがく。そうする時間があって、初めて自分のスタイルをつかむことができるのです。もちろん、聞かれれば、何でも教えます。でも、まずは与えられるのではなく、自分で考えて、つかむ。そうやってもがいている若手の姿を、引退試合までの約1カ月間、期せずして間近で見ることができたのは、うれしい経験でした。

そして何より、ロッテ浦和球場にまでファンが大勢、詰めかけてくれたのです。練習が終わると、即席のサイン会になりました。球場に隣接する合宿所の門の前に長蛇の列ができました。自分のことを一目見ようと2軍の球場まで来てくれる。そのことに感謝して、毎日、一人一人にサインをさせていただきました。

引退を表明した記者会見でも話しましたが、野球が周りの人以上に好きだった、そのことが21年間もの長い間、プロとしてユニホームを着続けることができた最大の理由だと思っています。それを支えてくれたのは、ファンの皆さんや、監督、コーチ、チームメートです。全ての人に自分の最後のプレーを目に焼き付けてもらえたなら、本当に幸せな野球人生だったと思います。

第3章　王会長とギーエン監督の教え

●王会長の言葉

監督に就任するにあたって私の中で指針になるのは、プロ入りしたときの監督だった福岡ソフトバンクホークスの王貞治球団会長と、米大リーグ移籍1年目にシカゴ・ホワイトソックスの監督だったオジー・ギーエン氏の2人です。性格は全く違うタイプですが、2人とも選手から見ると、「ついて行きたい」と思わせてくれる人たちなのです。

王会長には、どれだけ感謝の言葉を尽くしても、感謝し切れません。野球の技術的なことだけでなく、人間性をはじめ野球以外の部分でも勉強をさせていただきました。

心の中で引退することを決めて臨んだ２０１７年の開幕戦は偶然にもソフトバンクの本拠地ヤフオクドームで行われました。

試合前に王会長にあいさつに行き、「5月ぐらいに今季限りで引退することを発表しようと思っています」と直接、報告することができました。

20分ぐらいの時間でしたが、王会長からは「よくここまで頑張ったね。もう1年間、しっかり頑張れ」と声を掛けていただきました。

王会長には9月24日の引退セレモニーでもビデオメッセージを寄せてもらいました。

「1997年にホークスへ入って一緒にやってきましたけど、最初は弱くてね。でも、本当に頑張ってくれて、1999年と2003年に日本一になったときは大変貢献してくれました」

「野球の好きな井口君がアメリカに挑戦して4年間、過ごしたということは、その後の井口君の人生にものすごくプラスになったと思います。これからの人生もまだまだ前途洋々ですが、その間やはりこの4年間がものすごく活きるのではないかと思います」

「井口君の印象は、もうとにかく頑丈、足も速かったし、守備もうまかったし、井口君のファインプレーで勝った試合が随分多かったなという印象があります。僕は本当はもっともっとやってほしかったと思いますけど、とにかく自分で決めたことですから、この後の人生、まだまだ先は長いです。野球界のために、また家族の皆さんのためにも大いにいろいろな形で頑張ってほしいなと思います」

メッセージの中で本当に身に余る言葉をたくさんいただきました。一言一言を噛みしめて、これから野球界に恩返しをできるようになりたいと思っています。

王会長からは大切なことをたくさん学びました。プロ野球選手だからと言って偉いわけではない。そのことを、身をもって教えてくださいました。ファンを大事にする姿勢には本当に頭が下がります。他の球団ＯＢの方々とも全く違う姿勢で、新人だった当時から「こうありたいな」と思う存在でした。

日本で一番、成績を残している人、一番、ふんぞり返っていてもいいはずの人が、新人の私にも丁寧にいろいろなことを教えてくれたのです。

そんな優しい人なのですが、ユニホームを着ているときにはスイッチが入ります。勝負になると、本当に厳しかった。試合中にミスがあると烈火のごとく怒ります。テレビの中継画面などでも険しい表情をしている王監督の姿がよく映っていたと思います。それでも遠征先などで試合が終わり、食事会場で顔を合わせると試合中とは別人のように柔らかな表情に戻っています。ユニホームを脱いだら、温厚に接してくれる。オンオフの切り替えの重要さも教わりました。

選手のことを本当に信用してくれました。一度、任せると決めたら、本当に1年間、任せてくれる。選手として自然と監督について行きたい、この人を本当に胴上げしたいと思わせてくれるような采配(さいはい)をとってくれました。プロに入って最初に指導を受けたのが、王監督だったのは本当に幸運だったと思います。

●シャワー室でのアドバイス

プロ野球選手として長くプレーする上で大切な言葉をたくさん、王会長からもらいました。一番印象に残っているのは福岡ドーム（現ヤフオクドーム）のお風呂場で聞いた話です。

２００３年のオープン戦のころだったと思います。練習前にシャワーを浴びていて、気が付くとサウナ室から出てきた王監督が隣に立っていました。

「俺も入団したばかりの頃は、三振王って呼ばれていたなあ」

そう何気ない感じで話し始めました。

２００１年に初めてのタイトルとなる盗塁王を獲得。プロの打者として少しずつ自信をつけ始めていましたが、打率は2割5分前後を行ったり来たりしていました。２００３年の春のキャンプからスコアラーの金森栄治さんと一緒に打撃改造に取り組んではいましたが、オープン戦初戦から3試合連続で安打が出て以降は、パタリと当たりが止まっていました。

私が悩んでいるのを感じてくれていたのだと思います。王監督はポツリ、ポツリと自分が「三振王」の汚名をどのようにして返上したのかを話してくれました。

バッティングの極意はタイミングです。どのようにバットを出すかというような、技術的なこともちろん大切なのですが、タイミングが合っていなければそもそもヒットを打つことはできません。打者にとってタイミングとバランスがベストな状態は素振りをしているときのスイングです。打者はいつでもそのベストなスイングをバッターボックスで再現しようと思っていますが、逆に投手はいかにしてそのスイングを崩すかを考えて攻めてきます。投手にとって、その一番の武器がタイミングを外すことなのです。

打席での対決は、基本的に投手が有利にできています。これは野球のルールから来る特性です。打者が攻撃、投手が守備と表現されますが、実際には逆です。ピッチャーがボールを投げて初めてプレーボールとなる野球において、打者は常に受け身の存在なのです。

投手は当然、あらゆる手段を使ってタイミングを外しに来ます。だから、ほとんどの場合、打者は自分の思い描いたようなスイングをさせてはもらえません。

タイミングを巡る投手と打者の攻防で、一番分かりやすいのは配球でしょうか。直球と変化球。内角と外角。高めと低め。縦、横、前後を組み合わせて、打者のタイミングを崩そうとします。配球だけではありません。投球の間合いも微妙に変えてきます。打者が焦っていると感じれば、わざとボールを持つ時間を長くし、相手に余裕がないと思えば、速いテンポで投げ込んできます。走者がいれば、マウンドを外したり、牽制球を投げたり、投球モーションでもクイックを挟むなど、あの手この手で自分のタイミングに持ち込もうとしてきます。

しかし、逆に言えば、投手をこちらのタイミングに引きずり込めれば、自分のスイングで打つことができるのです。打者がタイミングさえ奪えれば、打球をコントロールすることは可能になります。

どうすればタイミングを投手から奪えるのか。王監督が若いころに悩みに悩んだ末につかんだ答えを教えてくれました。

「相手のピッチャーが足を上げたら、自分も足を上げろ。ピッチャーが足を下ろしたら、自分も足を下ろせ」

すごく単純な話でした。もちろん、そのまま打席で実践してすぐに結果が出るような話ではありませんでしたが、試行錯誤を繰り返し、難しく考え過ぎていた私の中にすっと入ってきました。「もっとシンプルに考えればいいんだ」。そう思えただけで、目の前が明るくなりました。

王監督の話を聞いて、「早めにタイミングを取れ」という意味だと自分の中で消化していきました。投手主導であることは絶対に変えられない。でも、受け身の存在だからこそ打者は、できるだけ早めにタイミングを取る準備を始めることが大事なのだと分かりました。待つのではなく、自分から仕掛けていく。早め早めに準備することで、少しでも投手との関係を五分五分に近づけていく。

「ちょっと早いかなと感じるぐらいが、ちょうどいいんだ」

投手が足を上げればこっちも足を上げる。投手が足を下ろせばこっちも足を下ろす。シンプルに考えることで、目の前が一気に開けたような感じがしました。

青山学院大学時代、東都大学リーグで史上初の三冠王に輝き、シーズン8本塁打と年間12本塁打、通算24本塁打のリーグ記録を作りました。4年生のときにはアトランタオリンピック日本代表に選ばれ、銀メダルを手にしました。それなりに自信を持ってプロの世界に飛び込んだつもりです。1年目はオープン戦で右足首を捻挫(ねんざ)したために開幕にこそ間に合いませんでしたが、新人のときから1軍で使ってもらっていました。

でも、本当の意味でプロの「壁」をなかなか越えられませんでした。当時、自分の中ではその壁の高さは絶望的なものでした。特にタイミングの取り方が分からず、文字通り暗中模索とも言える状況が続いていたのです。だから、「世界のホームラン王」として868本のプロ野球通算最多本塁打記録を持つ大打者でも、若い頃はタイミングで悩んでいたのだということを知り、失礼ながら安心しました。

●トスバッティングのような感覚で打て

王会長はアドバイスの天才でした。こちらが悩んでいたり、重圧の中で自分を見失いかけたりしているときに、ふっと言葉を掛けてくれるのです。

あれは1999年9月8日に福岡ドームで行われた西武ライオンズ戦でした。激しく首位を争う相手との一戦。相手先発は新人だった松坂大輔(まつざかだいすけ)投手でした。一進一退の攻防が続き、3－3で迎えた九回、先頭打者で打席に入った小久保裕紀内野手がこの回からマウンドに上がった西崎幸広(にしざきゆきひろ)投手から二塁打を放ってチャンスをつくります。続く城島健司(じょうじまけんじ)捕手がバントできっちり送って1死三塁となり、相手ベンチは松中信彦(まつなかのぶひこ)内野手と大道典良(おおみちのりよし)外野手を敬遠して満塁策を取りました。

ここで、私に打席が回ってきました。初球を強振してファウルにした直後のことです。ネクストバッターズサークルにいた村松有人外野手が近づいてきて耳元でささやきました。

「トスバッティングのような感覚で打て。外野フライでいいから」

王監督からの伝言でした。2者連続で敬遠されて回ってきた打席。知らず知らずのうちにバットを握る手に力が入っていました。王監督からの言葉を聞いて、無駄な力が抜けました。2球目を軽く振り切ると、打球は広い球場のバックスクリーンに飛び込むサヨナラ満塁本塁打となりました。

今思えば、どうしてあんなに力んでいたんだろうと思います。経験が浅い若い頃は、チャンスになればなるほど力んでしまっていました。本当は自分が有利な状況なのですから、力む必要はないのです。でも、そんなことすら、若いときには目の前の打席にのめり込むことで気が付かずにいました。ちょっとした一言で気が付いて変わることができる。若い選手を今、見ていても感じることです。

この勝利で優勝へのマジックナンバー「15」が再点灯しました。南海ホークスから福岡ダイエーホークスとなって11年目で初めてとなる優勝へ大きく前進しました。ちなみに優勝が決まった9月25日の試合で、私は4－4の八回に勝ち越し本塁打を打たせていただきました。チームの優勝に貢献することができて、プロ野球選手として大きな自信になりました。

打撃フォームについても王監督が話してくれたことで気持ちが軽くなったことがあります。王会長といえば「一本足打法」と言われるぐらいに、独特の打撃フォームが有名です。完全に確立された自分の打撃フォームがあって、そこには悩みなどないものと思っていました。

しかし、王監督から聞いた言葉に驚きました。

「1964年型のフォーム、1965年型のフォームというように毎年、違うんだよ」と言うのです。王監督ほどの打者でもずっと悩み続けていたのだということが分かり、安心しました。打撃フォームというのは永遠に完成しないもの。それでいいのだと思えるようになって気持ちがすっと楽になりました。

●短冊を日本刀で切る練習

ヒントはどこにあるか分かりません。いろんなことにトライして、試行錯誤を繰り返すことで手に入れられる感覚もあるのだと思います。

王会長が「一本足打法」を身につけるために、２０１６年12月に亡くなられた荒川博（あらかわひろし）さんとマンツーマンで練習に取り組んだことは有名です。その中でもとりわけ知られているエピソードは、真剣を使った素振りでしょう。

１９９９年だったでしょうか。助監督兼打撃コーチだった黒江透修（くろえゆきのぶ）さんから春のキャンプ中に何人かの選手に招集が掛かりました。当時、キャンプは高知市で行っていました。その宿舎の一室に集められると、天井から糸につるされた紙の短冊がぶらさがっているのです。

突然のことで、みんなが不思議に思っていると、その紙を日本刀の真剣で切ってみろと言われました。王監督が若い頃に荒川さんと取り組んだ練習の再現です。真剣を持つのはもちろんそのときが生まれて初めてでした。刀の重みを感じて、緊張したことを覚えています。

練習の意図は、バットの芯（しん）でボールを捉（とら）えることをイメージすることです。短冊は糸でつるされているだけで、固定されているわけではありません。最初は静かにぶらさがっていてくれても、刀を振るときに起きる風の動きや、人の動きでゆらゆらと揺れだして、そのうちにクルクルと回転し始めてしまいます。

刃筋をちゃんと立てないと真剣で紙は切れません。ただでさえ、その角度やタイミングを計るのが難しい上に、ゆらゆらと動く短冊に狙いを定めるには集中力が必要です。しかし、何度も繰り返しているうちに、感覚がつかめてきました。タイミングを合わせてすっと振り下ろす。そのタイミングさえ合わせられれば、意外と簡単に紙が切れるようになりました。

真剣で紙を切る感覚がバッティングに直接、つながるわけではありません。でも、短い時間の特訓でしたが、タイミングを取ることや、集中することの大切さを感じることはできました。感覚を自分のものとして身につけるためには、いろんな角度から経験を積むことが大切です。

今度は自分が監督として選手にそれを伝える立場になりました。いかに、タイミングよくアドバイスを伝えることができるか。これは予想以上に難しいことなのです。選手には何でも話せばいいというものではありません。それぞれの選手が自分で考えることが大事な時期もあります。

また、言葉の選択を間違えると、選手がこちらの意図と違った解釈をした場合に、間違った方向に進むこともあります。私も新人のころはアドバイスを間違って捉えて迷路に迷いこんだことがあります。

王監督からはよく「常に120パーセントの力で振れ。本塁打を狙え」と言われていました。私はその気になって、打球を引っ張って本塁打を狙ってしまい、結果を出せないばかりか、自分の打撃を見失ってしまった時期もありました。でも、王監督が言っていた言葉の本当の意味は本塁打を狙うことではなく、全力で振ることで、球威に負けないスイングを身につけることだったと思うのです。そのことに気が付くことができたときに、壁を一つ乗り越えていました。

王監督からは細かな技術的なことよりも、プロとしての気構えや、人としての振る舞いを教わったように思います。球場の監督室にもお風呂はあったのに、監督は選手が使うお風呂を使っていました。自然と一緒になることで、言葉を交わして、コミュニケーションを図る。今、思えば、わざわざ、選手と話をするために出て来てくれていたのでしょう。

気遣いの一つ一つに頭が下がります。

●コミュニケーションの天才、ギーエン監督

引退試合の後に行われたセレモニーで福岡ソフトバンクホークスの王貞治会長がビデオメッセージの中で「アメリカに挑戦して４年間、過ごしたということは、その後の井口君の人生にものすごくプラスになったと思います」とおっしゃってくださったように、私の野球人生の中で、２００５年から４年間、米大リーグでプレーしたことは本当に大きな経験でした。

米大リーグでのプレー経験を持つ日本人として初めて日本のプロ野球で監督をさせていただくことになりました。自分の経験したことをいかに日本球界にフィードバックするか。当然、メジャー式にやれば何でもうまくいくわけではありません。日本式の良いところと悪いところ、メジャー式の良いところと悪いところを、身をもって経験したからこそできることがあると思っています。そのことを自分に与えられた使命と考えて、日本球界に恩返しができるように頑張ります。

自分の中では2003年のオフにメジャーに挑戦したいと思っていました。30歳を挑戦のリミットだと考えていたので、プロ3年目のころから球団には大リーグに行きたいと伝えていました。2001年に盗塁王になり、03年には打率3割4分、27本塁打、109打点、42盗塁をマークしました。同一シーズンでの打率3割、30本塁打、30盗塁の「トリプルスリー」には本塁打が3本届きませんでしたが、20本塁打、40盗塁を達成。自分の中ではメジャーに行く準備は整ったと思い、球団にポスティングシステムでの大リーグ移籍をお願いしていました。

ところが、この年の11月3日に突然、小久保裕紀さんが読売ジャイアンツに無償トレードで移籍することが発表されました。チームが揺れる中、その2週間後には村松有人さんがフリーエージェント（FA）で移籍することがほぼ確実になりました。その瞬間に、私のメジャー挑戦の許可は出なくなってしまいました。

「あと1年、残ってほしい」

球団側からそう説得されました。主力が相次いで抜けたチームのことを考えて、納得して残ることを決めました。残留を決めた以上、とにかく2004年は「その程度の成績で何を言ってるんだ」と思われないようにと考えて、必死でプレーしました。大学時代から夢見てきた舞台を目前にしての足踏みです。「あと1年で行ける」という思いよりも、何が何でも来年こそはという思いの方が強くにじんだ1年でした。そうして翌年、晴れて、約束通りに自由契約にしてもらい、ようやく大リーグへの扉が開きました。

大リーグに移籍するということはゼロからスタートすることを意味していました。メジャーに挑戦せずに残留すれば、そのままレギュラーとしてプレーできる立場にいましたが、安定したところでプレーし続けるよりも、そのときの私にとっては大リーグという未知の世界に飛び込むことの方が、遥かに楽しみだったのです。

メジャーに挑戦することで、新しく取り入れられるものがあれば、何でも吸収して成長したい。そしてたとえどんな選手がいても、ポジション争いに勝ってメジャーでレギュラーの座をつかむ。それこそが、プロに入ってからずっと応援してくれた福岡の人たちへの恩返しだと思っていました。

アメリカの五大湖の一つミシガン湖の湖岸に位置するシカゴを本拠地とするホワイトソックスに入団が決まりました。入団が決まったとき、ケン・ウィリアムズ・ゼネラルマネジャー（GM）からは「ギーエン監督は機動力を生かした細かい野球をやる」と説明を受けました。当時、87年もワールドシリーズ制覇から遠ざかっていて、ギーエン監督の下、チームは生まれ変わろうとしていました。前年はニューヨーク・ヤンキースと並んでア・リーグ最多のチーム本塁打を放ちながら、ポストシーズン進出ができませんでした。長打に頼る打撃スタイルからバントやヒット・エンド・ランを絡める日本に近いスタイルへの転換を図っていたので、私のことを必要としてくれたのでしょう。

ギーエン監督は、私がプロ入りしたときの最初の監督である王貞治監督とは正反対と言っていいタイプの人です。とにかく陽気で、機関銃のような勢いでいつも冗談を言っています。時には発言が過激になり過ぎて、大リーグ機構（ＭＬＢ）から厳重注意を受けることもあったぐらいです。

口が悪い部分はあるのですが、実際にギーエン監督に接した人は誰もが彼を好きになると思います。とにかくコミュニケーション能力が高いことに驚かされるはずです。どんなときにも選手の話に耳を傾けてくれるのです。大リーグに挑戦するということは、言葉も通じない、文化も生活習慣も野球のスタイルも違う中に飛び込むということでした。その中でギーエン監督が常に気に掛けてくれて、声を掛けてくれることで、私にとっては救われる場面がいくつもありました。

私の引退セレモニーに寄せてくれたビデオメッセージを見てもらえれば、ギーエン監督の人柄は分かってもらえると思います。

「スミマセン、イグチサン。私はあなたを監督することができて光栄でした」

「あなたは私の好きな選手の1人です。世界一になった2005年、私はメディアに『MVPはイグチだ』と言いました。我々とともに戦ってくれてありがとう」

「あなたはとても優しい。鮨(すし)の食べ方を知らなかった私に正しい食べ方を教えてくれたんだ」

冗談めかしながらも、選手の気持ちを分かってくれている。その安心感と信頼感。大リーグでのキャリアをギーエン監督の下で始められたことと、私が1年目からメジャーでレギュラーとしてプレーできたことは無関係ではないと思います。これはギーエン監督自身もスペイン語圏のベネズエラ出身で、英語が母国語ではない中、メジャーでプレーし、ベネズエラ出身者として初めて大リーグの監督に就任するという苦労を経験してきたので、日本人の私の苦労も理解してくれていたのだと思います。

ギーエン監督にはクラブハウスや移動するチャーター機の中で、いつでも声を掛けてもらいました。クラブハウスにも監督室はあるのですが、ステテコ姿のようなラフな格好で常にロッカールームのソファに座っていて、選手と話をしていました。野球の話はもちろん、家族のことを含めてプライベートな話もいっぱいしました。冗談を言いながら「飲み過ぎたらちゃんと言えよ」と声を掛けてくれたりして、リラックスした雰囲気の中で自分の気持ちも聞いてくれました。

トロント・ブルージェイズ戦で訪れたカナダのトロントでは、引退セレモニーのビデオメッセージの中でギーエン監督自身が話していたように、一緒に鮨屋のカウンターに座って、焼酎（しょうちゅう）を飲んだこともあります。もっとも芋焼酎のロックはギーエン監督にはちょっと強過ぎたみたいで、「こんなのを飲んでいるのか」と苦笑いしていましたが。

今でもメッセージアプリを使って、同じベネズエラ出身で、私がホワイトソックス時代の２００５年に14勝、06年には17勝と先発の柱の１人だったフレディ・ガルシアと一緒に動画で「イグチ、今、何してる？」なんてメッセージを送ってくれます。ホワイトソックスにとって88年ぶりのワールドシリーズ制覇を遂げた仲間として今でも気に掛けてくれているのを感じ、本当にうれしくなります。

●スマートボール

私がシカゴ・ホワイトソックスに入った当時、ギーエン監督は就任2年目でした。「スマートボール」というスローガンを掲げて、チームをゼロからつくりかえている最中でした。「スマートボール」は造語です。もともとアメリカには「ロングボール」「スモールボール」という言葉がありました。ロングボールは文字通りホームランをはじめとした長打のことです。スモールボールはロングボールの反対語として、長打に頼らず、機動力などを生かして手堅く走者を進める戦術のことを指す言葉です。

この「スモール」をギーエン監督はさらに一歩進めて「スマート」にやるという狙いを言葉に込めていました。ここで言うスマートは、いわゆる日本語の「体つきがすらりとしている」という意味ではなく、スマートフォンのスマートです。「頭の良い」「賢い」という意味で、「頭を使った野球」というのが日本語としてピッタリくると思います。

ホワイトソックスは前年の２００４年に本塁打に頼った試合運びでプレーオフ進出を逃したこともあり、本塁打などの長打に頼るのではなく、チーム全員で1点を取りに行く、そして、その1点を守り切る、日本的な緻密（ちみつ）な野球を目指していました。

米メディアでもこの方針転換は注目されていて、長打に頼る「ロングボール」と対比して、進塁打などのチーム打撃で細かな戦術を重視する「スモールボール」をキーワードにしてホワイトソックスのことが報じられていました。

ギーエン監督やウィリアムズGMはチームのために犠牲になることができる選手を探していました。前年に30本塁打を放った遊撃手のホセ・バレンティンと31本塁打をマークした左翼手のカルロス・リーを放出。代わりに迎えられたのが私と前年に盗塁王に輝いた俊足が売り物の、ミルウォーキー・ブルワーズのスコット・ポセドニックだったのです。

1番打者にポセドニック、2番に私が入りました。福岡ダイエーホークス時代は3番打者として主軸を任されていました。正直に言えば、2番は望んだ打順ではありませんでした。でも、メジャーリーガーとしては、あくまでも新人の立場です。それに大リーグでは2番だからといって、それほどバントを求められるわけではありません。

近年では大リーグで2番に強打者を入れるケースが目立っています。2016年のア、ナ両リーグの最優秀選手（MVP）はともに2番打者でした。ロサンゼルス・エンゼルスのマイク・トラウト外野手が29本塁打、100打点をマークすれば、シカゴ・カブスのクリス・ブライアント内野手はチーム最多の39本塁打、102打点を記録しています。日本でも２０１７年に東北楽天ゴールデンイーグルスのカルロス・ペゲーロ外野手が２番で開幕直後に本塁打を量産してチームの躍進に大きく貢献。巨人もケーシー・マギー内野手をシーズン後半から2番に据えて打線のてこ入れを図りました。

私がメジャーに挑戦したころも、２番だからといって小技ばかりを期待されていたわけではありません。実際、大リーグでは、ほとんどバントはしません。打順が2番でも自分が打つチャンスもある。そう考えていましたから、チームから2番を打ってほしいと提示されたときも、打席で結果を出していくことで、打順を上げていけばいいと自分の中では不安はありませんでした。

シーズンの結果は皆さんもご存じのように、２００５年にホワイトソックスは実に88年ぶりのワールドシリーズ制覇を果たします。メジャー移籍1年目からチャンピオンリングを手にする幸運に恵まれました。シーズンを通して2番打者として働いた自分も少なからず貢献できたと自負しています。それでも私の中では野球人生の中でも最も苦しいシーズンの一つになりました。

チームはシーズン前の下馬評を覆して好スタートを切りました。４月４日、クリーブランド・インディアンスと対戦した開幕戦でエース左腕のマーク・バーリーが八回を投げてわずか2安打で無失点。最後は今は東京ヤクルトスワローズの2軍監督を務める高津臣吾さんが三者凡退に抑えて、1‐0で快勝しました。

私にとってメジャーでのデビュー戦となったこの試合は無安打に終わりましたが、相手エースのウエストブルックのベストピッチングを肌で感じることができました。守備では2度の併殺を完成させるなど十分にやっていけることが分かりました。

第2戦は0‐3の九回に4番のポール・コネルコと5番のジャーメイン・ダイの2者連続本塁打で同点として、ファン・ウリベのライトへの犠牲フライで4‐3と逆転サヨナラ勝ちしました。私自身も六回に左翼線への二塁打でメジャー初安打を記録。結局、開幕から ア・リーグ中地区の首位を走り、4月を17勝7敗で終えていました。

私がチームプレーに徹することで、勝利につながる試合も多くありましたが、心の中は簡単には晴れませんでした。絶好球をチームのために見送らなければいけない悔しさ。大リーグの舞台で試したかったこと、やりたかったことができない悔しさは日々、募っていきます。クラブハウスに戻って、人知れず、ロッカーを蹴り、バットを折ってしまったこともあります。

日本のプロ野球と大リーグの違いに戸惑っていた部分はありました。でも、その部分で苦労するのは最初から織り込み済みのこと。自主トレーニングのときから日米のボールの違いや、アメリカ国内でも場所によって大きく変わる気候の違い、初めて対戦する投手の投球スタイルや配球の違いを研究することは、むしろ楽しくて仕方がありませんでした。

もちろん、ツーシームなどの動くボールへの対応など想像以上に難しいことも多くありました。手元に引きつけることを日本でプレーしていたころから意識してやってきていても、やっぱり球速が日本に比べて平均で４～５キロは速い。そのため疲れからバットのヘッドスピードが落ちてくると三振が増えるなど、一筋縄ではいきませんでした。

日本にはない配球にも驚かされました。ロサンゼルス・ドジャースとニューヨーク・ヤンキースで活躍して２０１５年に広島東洋カープへ戻って２年間プレーした黒田博樹（くろだひろき）投手が使ったことで日本でも有名になった「フロントドア」「バックドア」という変化球の使い方があります。

日本では変化球はストライクゾーンからボールに外れていく使い方が基本でした。それを逆にボールからストライクゾーンに変化させるのです。私が大リーグ１年目だった２０

０５年にア・リーグのサイ・ヤング賞（最優秀投手）に選ばれた当時エンゼルスのバートロ・コロン投手が、外角からシンカーをストライクに入れてくる「バックドア」を得意としていました。投げた瞬間はボールに見えるので見逃すと、すっとストライクを取られてしまいます。「フロントドア」は逆に内角へのボールゾーンからストライクゾーンに入ってくる変化球です。

日本ではあまり経験しなかったこれらの配球や変化球に手こずりましたが、それで好結果を出せないのは、自分の技術が足りないだけです。これらのことは経験を重ねていくことで対応できるようになります。一つ一つ克服してより高いレベルへ成長していく。そのことこそが自分が望んでいた環境でしたから、つらさを感じることはありませんでした。

日本ハムの大谷翔平（おおたにしょうへい）選手が大リーグ挑戦を表明した記者会見で希望する球団について「自分をもっと磨きたい。そういう環境に自分を置きたい」と話していましたが、その気持ちは私の中でも一緒でした。だから技術的な問題はどれだけぶつかっても、その壁がどれだけ高くても、そのこと自体は構わないのです。

ストレスを感じたのは、本来の自分の打撃スタイルを押し殺さなければいけなかったからです。周囲は細かな野球を目標に掲げたギーエン監督がキャッチフレーズとして用いていた「スマートボール」「スモールボール」という言葉を繰り返し唱えながら、自分勝手な打撃を繰り返していました。その中で、自分だけが監督の思い描く野球を体現するために我慢を強いられていました。

入団交渉のときから「打順は2番を考えている」と球団には言われていました。確かに「監督は細かい野球をやりたいと思っている」との基本的な考えも伝えられていました。でも、どこか自分の中では、同じ2番打者でも「打ってつなぐ、大リーグ的な2番打者」を勝手に思い描いていて、自分のバッティングをやらせてもらえると思っていたのです。それが、実際にキャンプが始まってイメージとのギャップがどんどん広がっていきました。ギーエン監督が考えていたのは、バントや走者を進塁させるための右打ちに徹する日本的な2番打者だったのです。

●2番打者としての苦悩

ギーエン監督から求められていたことは、端的に言えば、チームのために犠牲になってくれということでした。俊足のポセドニックに続いて打席に入る私がするべき仕事は3、

4番につなぐことです。

ポセドニックが出塁すると必ず初球は「待て」のサインが出ました。もともと私は初球から打っていくタイプでした。一番、甘い球が来る可能性が高いのも初球なのです。その球をみすみす見逃さなければいけませんでした。そして、いざポセドニックが盗塁のスタートを切れば、大きな空振りをして盗塁を援護しなければいけません。

ポセドニックが二塁にいる場合も制約がかかりました。今度は初球から打つことは許されますが、右方向に進塁打を打たないといけませんでした。ノーアウトだったら、絶対に右方向へ打つことが求められます。たとえストライクが来たとしても、内角へ来た球は流し打つことができないので、敢(あ)えて見逃すしかありませんでした。

こうして貴重なストライクを失うことがしばしばで、自分が有利なカウントでバッティングをさせてもらえませんでした。そして何より、ポセドニックは確かに足は速いのですが、牽制(けんせい)でアウトになることも多く盗塁の成功率は決して高いタイプの走者ではなかったのです。

走者を進めるための右打ちのサインも多く出ました。右方向への打球は本来、私が得意とする打撃ですが、走者を進めるためのサインですから、打ち上げるわけにはいきません。

確実を期するためには二塁ゴロを狙うことになります。

自分自身もまだ、メジャーの投手に適応しなければいけない時期に、自分の打撃に集中させてもらえない。これは本当につらいことでした。ポイントを引きつけて打とうとすると、ファウルになってしまうため、これでは走者がスタートを切っているのに、ヒット・エンド・ランが不発に終わってしまいます。そのために空振りやファウルにならないように、自分のスタイルを崩してポイントを前にして捌(さば)くこともしばしばでした。打球を打ち上げないように、バットの軌道もヘッドを下げて水平に振る癖がついてしまった時期もありました。

大リーグの方が日本に比べてプレー環境が良いと思われがちですが、必ずしもそうでないこともあります。もちろん、天然芝のグラウンドや球場内のトレーニング施設、病院と見間違うような充実した検査設備など、日本が敵(かな)わない部分はたくさんあります。

でも、例えばバッティングピッチャーは日本のプロ野球の右に出るものはないと思っています。打撃フォームで微妙な修正をしたいときに、日本では専門の打撃投手がいるので、実戦に近い形で投げてもらって修正をすることができます。しかし、大リーグのフリー打撃はコーチが近い距離から投げてくるのに合わせて打ちます。キャンプ中に投手がマウンドから投げて打者が打席に入る「ライブBP」という練習がありますが、これはあくまでも投手の調整具合を測るためで、打者のための練習ではありません。コーチが近くから投げて打つフリー打撃の間合いは、実際のバッティングとは全く別物で、練習の中で実戦に近い感覚をつかむのは難しいことでした。

しかも、苦しみながらもヒットを打って、ようやく塁に出ると、今度はベンチから「走るな」というサインが来ます。3、4番打者に打撃に集中させるためです。自分の中では盗塁を成功させる自信はあっただけに、このサインはつらいものでした。

もちろん、野球はチームプレーですから自分の成績さえ良ければいいというものではありません。どんなに特大の本塁打を打とうと、3安打しようと、チームが負ければ意味はありません。それでも、自分がアピールしたいポイントで我慢を強いられるのは思っていた以上にストレスが溜まるものでした。

「バントをするために来たんじゃない」

「右打ちするために来たんじゃない」

そういう思いが、心の中にどんどん溜まっていきました。大リーグでも対応できるように福岡ダイエーホークス時代にも投球を引きつけて打つことに取り組んできました。実際にメジャーに移籍する前の2年間は、打率3割、20本塁打を超える成績も残していました。「自分の力がどれだけ通用するのか、自分がやってきたことを大リーグの舞台で試したい」との思いがどうしても湧き上がってきます。

もちろん、ギーエン監督から求められていることは分かっていました。ただ、打つだけではない。状況を判断して臨機応変に対応できる選手。そう期待されて獲得してもらったのだから、その期待に応えるしかない。そう自分では分かっているのに、ふとした瞬間にやっぱり納得できていない自分が顔を出していました。

ある日のことでした。ポセドニックが一塁にいるときに、初球から打って出て怒られたことがありました。そのときに、私は思わず監督に言い返しました。

「チームのためになるのなら待つけれど、彼に盗塁王を取らせるためだけだったら、打つよ」

心の中に溜まっていた思いをぶつけました。そのときにギーエン監督から返ってきた答えは、チームが勝つために2番打者として役割を果たしてほしいというものでした。ちゃんと私の言い分を受け止めた上で、チームのために必要なことなんだと監督の考えを説明してくれました。この一件があって、納得してプレーに集中できるようになったように思います。

そしてもう一つ、気持ちを切らさずに、役割に徹することができたのは、メジャーに挑戦することを決意したときから根底に、自分の評価が日本人選手の評価に関わってくるという思いを持っていたからだと思います。簡単に放り出すわけにはいかないと考えていました。

大リーグで自分がアピールするべきものが、本塁打ではないことも事実でした。日本で培ってきた緻密な野球。日本ではこんなにもレベルの高い野球をやっているのだということをメジャーの舞台で見せるのが、私の使命だと自分に言い聞かせてプレーしていました。

だから、どんなに苦しくても、ベンチからのサインに従うのはもちろん、サインが出ていなくても、試合展開や場面を考えてチームプレーに徹するのだと心に決めました。

●「MVPはイグチだ」

そうやって自分の中で我慢して押し殺してきた思いを救ってくれたのは、やはりギーエン監督でした。前半戦をア・リーグ中地区首位で終えたときに、全米に向けた記者会見の中でギーエン監督が「チームのために何でもやってくれる。私にとって前半戦のMVPはイグチだ。イグチがチームを変えた」と話してくれたのです。

「スマートボール」が成功するには、全員がチームのために自分を犠牲にすることが求められます。しかし、アメリカでは自己犠牲は美徳でも何でもありません。個人が前面に出る社会で、人のためにいくら自分のことを犠牲にしたといっても、誰もそのことを評価してはくれません。

競争が激しい大リーグは、個人として成績を残さないと、シーズン途中でも容赦なくトレードに出されたり、契約を解除されたりする厳しい世界です。野球は数字のスポーツで、打撃成績、守備成績と多くのスタッツが記録として残りますが、必ずしも全てのプレーが数値に表れるわけではありません。

セイバーメトリクスとしてこれまでは数値に出にくかったプレーを評価する指標をつくる試みがされてはいますが、分かりやすく目に見える形にはなかなかなりません。最近、米大リーグでデータの活用が進んでいる「スタットキャスト」（後ほど詳しく書きます）でも、外野手の守備をデータ解析で評価する試みは始まっていますが、内野手の守備の評価は複雑すぎて、まだ試行錯誤している状況だといいます。

数値化しにくい一番の理由は、「判断」の要素を目に見える形にするのが難しいからだと思います。これは打撃でも同じです。進塁打は一見すると内野ゴロにしか見えません。重要なのは、点差やアウトカウント、相手投手の力などを見極めた上で、最も得点につながる確率の高い打撃を行うということです。その結果が本塁打になるのか二塁ゴロになるのかは、本当は関係ありません。

チームが勝つために最善の選択をしたかどうか。この「判断」の部分が、目に見えない以上は、どんなに走者を三塁へ進めるために打ったとしても、記録上は二塁ゴロでしかありません。

チームのために意味のある二塁ゴロをどれだけ積み重ねていても数字の上では何も残りません。たとえ、自分のチームのゼネラルマネジャー（GM）や監督が、その二塁ゴロの意味を理解してくれていたとしても、仮に契約が解除されてしまえば、他チームのGMや編成担当者からは、単に凡打を繰り返した選手にしか見えません。

そういうアメリカの雰囲気の中で、ギーエン監督が理想とするような野球をチームに浸透させるためには、黙ってチームのために犠牲になる存在が必要だったのでしょう。ギーエン監督はその後も、「イグチがＭＶＰ」と繰り返しメディアのインタビューで話してくれました。私の名前を挙げることで、チームのために犠牲になることの重要性をチーム全体へ伝えたかったのだと思います。

苦しさを感じていた当時の私は、監督の言葉を聞いて、素直にうれしく思ったことを覚えています。日本の野球が緻密なことは知られていますし、ギーエン監督自身も自宅に和室を造ってしまうぐらい日本のことが好きでよく理解してくれています。だからこそ日本から来た私に、その役割を期待していたのだと思います。監督は自分のことを分かってくれていて、そのことをファンにも分かるように伝えてくれている。そう思えただけで、ずっと悩み苦しんできたことが報われた気がしました。

●チームに芽生えた「つなぎの意識」

チームメートも少しずつ変わっていきました。シーズン当初は、ギーエン監督がいくら「スモールボール」「スマートボール」と言い続けていても、実際には必ずしも緻密な野球ができていたわけでも、選手がチーム打撃を意識していたわけでもありませんでした。

先ほども書いたように、もともとアメリカの選手や中南米のハングリー精神が旺盛(おうせい)な選手たちに、自分を犠牲にするという発想はありません。私がどんなにチーム打撃に徹していても、それぞれの選手は自分のスタイルを貫いて、自分勝手にバットを振り回していました。

シーズン前半こそ、ギーエン監督が口酸っぱく「つなぎの野球」を口にすることで、チーム全体が意識していましたが、実際には緻密な野球で勝てたというよりも、偶然にいい場面で本塁打が出て結果として勝てているだけの試合も多くありました。

しかも、前半は好調を維持できていたので、チーム全体に過信が生まれていたのだと思います。首位を快走していたチームは夏場からインディアンスに追い上げられました。8月1日には15ゲームの大差をつけて独走していたのに、9月22日には1・5ゲーム差にまで詰め寄られてしまいました。

チームが追い上げられたのは当然のことでした。首位を独走すればするほど、チーム全体で一つ先の塁を狙うというよりも、一発に頼った試合運びが多くなっていました。8月半ばには7連敗を喫するなど黒星が先行するようになったのもそのためです。どんなに私がチーム打撃に徹して右打ちしても、クリーンアップトリオがバットを振り回すだけでは得点はできません。それがインディアンスの猛追を受けて徐々に変わり始めました。チーム全体に本当の意味で「つなぎの意識」が芽生えだしたのです。

それまで話したこともなかったチームメートから声を掛けられました。

「バントをうまく決めるためにはどうすればいいのか」

「右方向へ打つにはどうすればいいのか」

「何で日本人はそういうことが上手なんだ」

ある日には、打撃コーチから「こいつのバッティングを見てやってくれ。右に打たせたいんだけれど、アドバイスしてやってほしい」と頼まれました。ようやく、自分のやってきたことがチームメートから本当に認められたのだと感じました。

みんなの気持ちがまとまってからは文字通り、無敵になりました。9月28日からレギュラーシーズン最終戦までを5連勝で終えると、ポストシーズンは11勝1敗と圧倒的な強さで、チームにとって88年ぶりとなるワールドシリーズ制覇を果たしました。

ギーエン監督の「MVPはイグチ」との言葉がシカゴの地元メディアで報じられたことで、ファンの声援まで変わっていきました。もともとホワイトソックスのファンの中には私が走者を進めるために二塁ゴロを打って、ダッグアウトに引き揚げるときに拍手をしてくれる人はいました。野球のことを理解してくれていると感じていましたが、それがよりはっきりとしてきたのです。

徐々に私が打席に立つときにスタンドから「グー」「グー」という声が上がるようになりました。一瞬、不満を示すブーイングのようにも聞こえるのですが、アメリカ人がイグチと発音するときに、アクセントを置く真ん中の「グ」の音から来ているコールでした。「グーイング」と呼ばれて私への応援として定着しました。

このグーイングのお陰で、球場全体が自分を理解してくれていると思えるようになりました。たとえ、二塁ゴロでアウトになっても、以前のような悔しさや、惨めさを感じなくなりました。

監督の一言が選手を救うことがある。そのことをギーエン監督から学びました。自分には監督としての経験はありませんが、逆に選手との距離はどの監督よりも近いと思います。

もちろん、監督に立場が変わったことで、今までと一緒というわけにはいかないこともあるでしょう。それでもチームメートとして過ごした時間は変わりません。共有した時間を大事に生かしてチームをつくっていきたいと思います。

●信じられていれば、自分を犠牲にできる

選手は自分が信用されていると感じていれば、迷いなく自分をチームのために犠牲にできるものです。

２００５年、シカゴ・ホワイトソックスが勝ち進んで迎えたア・リーグ・チャンピオンシップ・シリーズでのことでした。エンゼルスとリーグ優勝を争ったこのシリーズで、強く印象に残っている試合があります。

10月14日、ディズニーランドがあることで有名な敵地アナハイムで行われた第３戦でした。一回に１番打者のポセドニックが塁に出ていきなり無死一塁となりました。このときにベンチからは何もサインが出ませんでした。シーズン中ならしつこいぐらいに、進塁打や、一塁走者のポセドニックの盗塁をアシストするために「待て」のサインが出ていたのに、何も出ません。普通に打っていいというのです。

「ベンチは自分のことを信じてくれている」

そう感じました。このことに応えたいと心の底から思いました。私は迷うことなく自分の判断でバントを選びました。長いシーズンと違って、ポストシーズンは短期決戦です。黒星を先行させるわけにはいきません。そのためには何よりも先手を取ることが大事です。

私が初球をきっちり三塁前に転がして、ポセドニックを二塁に進めると、続く3番のジャーメイン・ダイが右中間へ二塁打を放ちました。これで先制点を挙げてチームは勢いに乗り、先発したジョン・ガーランドが第2戦のマーク・バーリーに続いて完投勝利を飾りました。対戦成績を2勝1敗として、チームはリーグ優勝に向けて大きく踏み出しました。

私は決してバントが得意なわけではありませんでした。ダイエー時代には主に3番を打っていて、自分の役割はチャンスをつくるというよりも、ポイントゲッターとして打点を挙げることを期待される立場でした。

バントが下手だとは思いませんが、上手だとも思いません。ましてや、優勝が懸かるようなプレッシャーのある場面です。きっちり決めるのは難しいものです。それに自分で打ちたいという気持ちがなくなっていたわけでもありません。実際、この試合ではこの後の打席で2安打しています。それでも、その時々でチームの優勝のために何が必要なのかを最優先に考えた結果、一回のこの打席ではバントをすることが最善だと判断しました。

このリーグ・チャンピオンシップのシリーズ中に大リーグで知将として知られるエンゼルスのマイク・ソーシア監督に「攻守でイグチがホワイトソックスを変えた」と言ってもらえたのは、自分のやってきたことが正しかった証拠だと思っています。

シーズン後に大リーグの担当記者らが所属している全米野球記者協会（ＢＢＷＡＡ）が選出する新人王の得点で、私はア・リーグの４位でした。投票権を持つ記者が１位から３位まで順位をつけて投票。この合計点が最も高い選手が選ばれます。２００５年の新人王は67試合に登板して５勝１敗23セーブ、防御率１・７２と圧倒的な成績を残したオークランド・アスレチックスの抑え投手、ヒューストン・ストリート投手でしたが、私は全体のポイントでは４位ながら、１位票はストリートに次いで２番目の票を集めました。

メジャー30球団の監督が選ぶ新人ベストナインでは、二塁手として選ばれました。自分のチームの選手には投票できない決まりになっているため、相手チームの監督から評価されたことになります。チームプレーに徹することで、相手から嫌がられていた証拠だと思っています。

●2年目も2番打者

大リーグでプレーした中で最も安定してプレーできたのは2006年だったでしょうか。前年にワールドシリーズを制覇しましたが、自分の中には満足感はありませんでした。もちろんチームの目標としては最高の結果を手にすることができましたが、個人的にはもっとできるとの思いがありました。

結局、2006年も2番打者としてプレーしましたが、ギーエン監督と話し合って、本当は中軸を打つ予定になっていました。だから、日本でプレーしているときから目指していた打率3割、30本塁打を目標に据えてキャンプに入りました。しかし、オープン戦が始まってみると、私が2番から外れた打線は機能しなかったのです。

オープン戦では主に6番を任されていましたが、3月22日にギーエン監督に打順を戻すことを打診されました。あれだけ苦しんだ2番打者でしたが、その場で「はい」と即答していました。中軸として自分の力を発揮したいし、できるという自信はありました。それでもチームが勝つために何が必要か。そのことを考えたとき、自分で納得して2番に戻ることを受け入れました。

6番打者なら、確かに2番よりも制約は少ないかもしれません。でも、チームが前年に引き続いて緻密な野球を目指すのであれば、実はどの打順でもやるべきことは一緒だと考えたのです。同じ2番という打順でも、メジャー移籍1年目に、監督やチームの意図が分からずに苦しんだのとは全く違います。それに1年目は遠慮していた部分もありましたが、2年目は自分のスタイルを2番でも貫けるとも思いました。そう自分の中で気持ちの整理ができていたことで、抵抗感もなくすっと2番打者に戻ることができたのです。

そして、私がチームプレーに徹する姿勢をファンの方々も理解してくれていました。雑念に悩まされた1年目とは違い、打席に集中できました。自分を犠牲にしてチーム打撃に徹することで、矛盾するようですが、自分の成績も上がっていきました。

2006年6月25日のヒューストン・アストロズ戦では1試合7打点を記録しました。7点を追う八回無死一、二塁で、内角高めの球を振り抜くと打球はレフトスタンドへ飛び込む3点本塁打となりました。さらに4点差の九回2死満塁では、アストロズの守護神ブラッド・リッジ投手の速球を左中間へ運ぶグランドスラムで4打点を挙げて同点。チームは延長十三回の末に敗れてしまいましたが、1人で7点差を追い付きました。

２００６年は残念ながらチームは2連覇を果たすことはできませんでした。それでも個人的にはシーズンを通して手応えをつかめていました。打率2割8分1厘、18本塁打、67打点、11盗塁の数字は決して自分の中では満足できたわけではありません。それでも大リーガーとして自分のスタイルが確立できて、やっていけると確かな感触を得ていました。

シーズン最後の試合はミネソタ州ミネアポリスで行われたミネソタ・ツインズ戦でした。試合を終えて、シカゴに戻るチャーター機の中で、ギーエン監督に呼ばれました。

「イグチには我慢をさせてきた。今年だってお前の力なら20本以上はホームランを打てていたはずだし、打率も3割は行ったはずだ。来年はもっと自由に打たせるつもりだ。打順も6番か7番を考えている」

実際にチームはこのシーズンオフに2番を打てる打者を獲得するなど動いてくれました。自分のことを見てくれていて、チームのために我慢をしてきたことを分かってくれている人がいる。そう感じることができるのは、選手にとっては本当に力になります。たとえ、その後にチーム状況が変わり、実際にはそうならなかったとしても、自分のことを理解してくれる人になら、信じてついて行けるものだと思います。

●3年目のけが

２００７年は思うようなシーズンにはなりませんでした。最初のつまずきは、開幕直後の4月8日のミネソタ・ツインズ戦で守備中に左手人さし指を痛めたことです。

最初は単なる突き指という診断だったため、治療はアイシングだけで様子を見ていましたが、なかなか腫(は)れが引きません。チームに故障者が出ていたこともあり、痛みはありましたが2試合欠場しただけで、試合に復帰しました。

もともとけがをしたからといって、簡単には試合を休まないようにしていました。１年間を通してレギュラーとしてプレーするというのは、故障ともうまく付き合いながらプレーをすることでもあるのです。少しのことで休んでいたら、レギュラーの座は簡単に奪われてしまいます。特に大リーグではマイナーから虎視眈々(こしたんたん)とメジャーのポジションを狙っている選手がいます。大リーガーとしての地位を一度築いてしまえば、ある程度は契約で守られますが、けがをすると他の選手にアピールするチャンスを与えてしまいます。下から這(は)い上がる選手にとって、メジャーの選手のけがは千載一遇のチャンスなのです。

幸いにもバットが振れないほどのけがではありませんでしたが、復帰した最初の頃は、味方の攻撃の合間に治療を受けながら出場しているような状態でした。それでも復帰してから4試合連続で安打を放つなど、打席に立ち続けました。

守備でも4月18日にはテキサス・レンジャーズ戦でバーリー投手がノーヒットノーランを達成した試合に立ち会いました。五回には一、二塁間の打球を飛び付いてアウトにし、記録達成に貢献。グラウンドに立っている以上は一切の言い訳をしないように、全力でプレーを続けました。

それでも腫れは完全には引かず、一進一退の状況が続いていました。メーカーの方にお願いして、グラブにクッションをつけて守備に就いていました。休むのが一番なのは分かっていたのですが、主軸を打っていたジム・トーミやダイがけがで先発を外れており、チーム事情を考えると簡単に「休みたい」とは言えませんでした。

腫れと痛みが引かなかった影響は思っていた以上に長引きました。開幕ダッシュは私の得意とするところでした。シーズンオフの調整に始まり、キャンプ、オープン戦と段階を踏んで万全な状態に仕上げられる開幕直後は、だいたい好成績を残してきました。大リーグに移籍してからの2年間も、毎年4月は月間打率が3割を超えていました。それが20

０７年は２割４分２厘に終わってしまったのです。

突き指にしては回復が遅く、あまりにおかしい。そう感じてもう一度検査を受けると、実は骨折していたことが判明しました。腫れが引き始めたときには、最初に突き指をしたと思ったときから約２カ月が経過していました。

痛みがあることで、左手を無意識にかばって打撃フォームも崩れていましたが、腫れが引いてくると、自然に本来のフォームに戻っていました。実際に５月30日から13試合連続安打を記録。ようやく調子が上がってきて、６月の月間打率は３割を超えました。

自分の調子は上がってきていましたが、チームは故障者が続出して低迷していました。２００５年にワールドシリーズを制したときから２年を経て、チームの状況は全く変わっていました。投手力を中心に勝ち進んだ姿はありませんでした。中継ぎ投手陣が崩れ、救援陣の防御率は４月こそ３・５０で踏ん張っていましたが、５月には７・２９にまで跳ね上がり、苦戦が続いていました。

打線の状態も最悪でした。故障者が多く出ていたために、開幕から打順を固定できませんでした。この年、開幕戦は７番でスタートしましたが、私の代わりに２番に期待されていたダリン・アースタッドが故障したこともあり、６月半ばには３、４番以外の打順を全て経験していました。
前年のシーズン終了後に、ギーエン監督から「６番か７番で自由に打たせてやる」と言われていましたが、その約束を守ってもらえる状況ではなくなっていました。

●突然のトレード

大リーグではトレードなどが制約なく自由にできる期間は７月31日までと決められています。日本でもこの期間自体は同じですが、このデッドラインが近づいてきたときの大リーグでの緊張感は日本とは比べものになりません。メジャーでは開幕したときとは全く別のチームになっていることがあるぐらいにトレードが活発に行われます。

プレーオフ進出の可能性が残っているチームは必死に戦力を補強し、可能性が低くなってきていたチームは年俸（ねんぽう）の高い選手を放出して将来性のある若い選手を獲得し、チームをつくりかえていきます。７月も終わりに近づいてくると、クラブハウスでは自然とトレードのうわさ話が飛び交うようになります。

２００７年のホワイトソックスは後者の状況でした。７月27日、いつものように本拠地球場のＵＳセルラー・フィールドに行きました。クラブハウスのドアを開けると、正面にボードがあり、そこに先発メンバーの表が貼ってあります。メンバー表を見て、自分の打順を確認して自分のロッカーに向かうのが日課でした。

その日も自分の名前が書いてあることを確認してから、グラウンドに出てランニングをしていました。全体練習に備えてシャワーを浴びようとクラブハウスに戻ってきたところで、ケン・ウィリアムズ・ゼネラルマネジャー（ＧＭ）に声を掛けられました。

チームは４位に低迷していたため、トレード期限を目前に何か動きがあっても不思議ではない状況でした。漠然とした覚悟はどこかにありましたが、それが自分だと思っていたわけではありません。

シャワーを浴びてから監督室に出向くと、ウィリアムズＧＭが待っていて「トレードになった」と告げられました。移籍先がフィラデルフィア・フィリーズと聞いたときには思わず、耳を疑いました。フィリーズの二塁手は大リーグでも屈指の二塁手と評されるチェース・アトリー選手だったからです。わずか５分程度のやり取りでしたが、ＧＭからは「明日からゲームに出ることになっている。今すぐにフィラデルフィアに飛んでほしい」と言われました。

●涙が止まらなかった

日本のプロ野球でもトレードが多くなってきたとはいえ、一つのチームに骨をうずめるという感覚がまだあると思います。トレードを通告されるとどうしても選手としては、チームに必要とされていないと否定的に感じてしまうものです。私も実際に初めてトレードを通告されたときには、ネガティブな感情にとらわれました。

ウィリアムズＧＭから通告を受けた直後は実感が湧いていなかったのですが、時間がたつにつれて涙が溢れてきて止まらなくなりました。

「フィリーズが自分のことを求めてくれているからこそ、トレードが決まったのだ」

そう頭では理解していましたが、涙が止まりません。大人になって、こんなにボロボロと泣いたことはありませんでした。

そのときはすぐには気持ちを切り替えられませんでしたが、トレードそのものは大リーグではもっと前向きなものです。２０１２年7月23日にイチローさんがシアトル・マリナーズからヤンキースにトレードされたときがそうでしたが、その日の対戦相手のチームに移ることも普通に起きます。日本ではちょっと想像できないことですが、試合前にロッカーの荷物をまとめて、相手チームのロッカーに引っ越すなんてこともあるのです。

トレードが成立するのは、相手チームから自分が求められている証拠です。特に7月のデッドラインが近づいてきて、シーズン後半に行われるトレードは、プレーオフ進出が懸かっているチームが補強するために行うことが多いので、戦力として高い評価を受けているということでもあるのです。

実際にメジャーでは「ジャーニーマン」と呼ばれる選手がいます。英語でもともと熟練した職人のことを表す言葉です。高い技術を求められて、次々と新しい現場に移っていくことから、旅（ジャーニー）をする人と呼ばれています。

大リーグでジャーニーマンと呼ばれる人たちもまさにそういう選手です。シーズンが終盤を迎え、優勝を争うチームから求められて移籍を繰り返す選手のことで、日本風に言い換えれば、優勝請負人という感じでしょうか。

私の場合は、トレードを告げられた前日の7月26日に、この年のオールスターゲームにも出場したフィリーズの正二塁手、アトリー選手が死球のために右手を骨折したことが大きな理由でした。

シカゴ・ホワイトソックスはトレードが成立した27日の試合前の時点で46勝56敗とア・リーグ中地区で首位から14・5ゲーム離されていました。私を獲得することを決めたフィラデルフィア・フィリーズはナ・リーグ東地区で2位と、地区優勝を激しく争っていて、逆転優勝するためには、けがで離脱したアトリーに代わる二塁手が緊急に必要となったのです。

ギーエン監督も先発メンバーに私の名前を書き込んでくれていたぐらいですから、トレードのことは全く知らされていなかったのでしょう。それほど電撃的なトレードでした。私がGMからトレードの通告を受けているのを、監督室の裏で聞いていたギーエン監督は「しゃべると泣いてしまうから」とだけ言って抱き締めてくれました。

ギーエン監督の下での2年半は、2番打者としてチームのために自分を犠牲にすることを求められた日々でした。ワールドシリーズ制覇という形で報われもしましたが、正直、つらいことの方が多かったかもしれません。その私のつらさを一番、理解してくれていたのがギーエン監督だったのを、ハグされて改めて感じました。

王監督の下でプレーしていたときもそうでしたが、やっぱり最後は人としての付き合いなんだと思います。心が通じ合う。そのことが大事なのだと思います。

●日本人は考えすぎ

米大リーグでの４年間は本当に楽しい時間でした。対戦相手はみんなテレビでしか見たことがないような選手ばかりです。相手チームの先発投手を見ながら、今日はこんな投手と対戦できるんだと、毎日が記念日のような感覚でワクワクしていました。

そして何よりメジャーでの経験は本当に貴重なものでした。大リーグのことを知識として知っているのではなく、自分の体験として感じていることは大きな違いだと思います。

今、メジャーは中南米の選手が主流です。彼らは体が強いだけでなく、柔軟性があり、リズム感があります。そして小さいころから決して恵まれた環境でプレーしているわけではないことも、彼らにとってプラスに働いているように思います。デコボコのグラウンドでイレギュラーする打球を夢中で追い掛けているうちに、自然とグラブ捌きが磨かれているのではないかと思います。とにかく一歩目が早いのです。イレギュラーする前に捕球しなければいけないために、自然と早くスタートする癖が身についているのだと思います。

では、よく言われるように日本人の内野手が大リーグで活躍するのは難しいのでしょうか。私は決してそうは思いません。技術はそれほど変わらないと思っています。技術よりも考え方とか、精神的な部分の差が大きいのではないかと考えています。

特に今の若い選手はメンタルが弱いように感じています。チャンスなのに自分からピンチにしてしまっているのではないか。失敗したら怒られるから、なるべく失敗をしないように、安全策の選択しかできなくなっているように思います。

確実なプレーは大事です。それは大前提ですが、確実にしようとするあまりに、思い切って投げることができずにセーフにしてしまう。勝負すべき場面で勝負を懸けられない。自分でセーブしてしまっている選手が多いのではないでしょうか。

逆シングルで捕らないと間に合わない打球で、正面に回り込んでいては絶対にアウトにできません。逆シングルで捕れなければ、エラーしたように見えて怒られてしまうかもしれないけれど、そもそも正面で捕っていたら、止めることはできてもアウトにできない。それではヒットを打たれたのと一緒です。基礎も大事ですが、応用も大事なのです。

日本人は考え過ぎているように思います。試合展開や得点差など考えるべきことは当然、ありますが、考え過ぎて九回のサヨナラの場面以外では、失敗しないようにすることを優先させてしまっているように映るときがあります。勝負を懸けるべきときに、勝負を懸けていないと、大事な場面でアウトにできるわけがありません。

その点、大リーガーは一回から常に勝負をしているように思います。だからこそ、重要な場面になればなるほど、ビッグプレーが飛び出すのではないでしょうか。

●「スタットキャスト」の活用

日本との一番の違いはコーチと選手の関係だったかもしれません。日本と違って、アメリカでは選手から求めなければ、コーチは何も言ってきません。選手の方から聞いても、基本的には選手を否定するようなことは言いません。逆に自分で考えて取り組むことが重要です。

日本ならば試合で失策を犯すと、練習で同じようなシチュエーションをつくって何度もノックを繰り返しますが、メジャーではそういう練習を課されたことはありません。長所を伸ばす練習が中心なので、試合でエラーやミスをしても、翌日まで引きずるようなことはありません。

そして大リーグの優れたところは、柔軟に新しいものを取り入れることが上手だということでしょう。メジャーでは、２０１５年から軍事技術を転用したドップラーレーダーと高解像度の光学カメラで集めたデータを解析する「スタットキャスト」という新しい技術が本格的に導入されています。投手の場合、これまでのスピードガンによる球速だけでなく、投手がボールを放すリリースポイントの位置やボールの回転数などを計測。盗塁でもベースからの離塁の距離や塁間の到達速度、外野守備でも野手が打球に反応する時間や、走るスピードやコースなどを全て数値化しています。

大リーグでは近年、守備で極端なシフトを敷くケースが目立っています。データ解析が進むにつれて、打者が完璧に打球を捉えても、シフトを敷かれた野手の間をゴロで抜くのは難しくなっています。これに対抗するように２０１７年の大リーグでは「フライボール革命」という打撃理論が出てきました。「スタットキャスト」のデータによって、最も本塁打が出やすい打球の角度を割り出し、打者が打球を上げることを意識するようになりました。野手がどんなにシフトを敷いて打球が抜けるのを防ごうとしても、フライボールでフェンスを越えてしまえば関係ありません。守備側がデータを取り入れて安打を防ぐなら、逆にデータを使って打撃を進化させるというわけです。

実際に２０１７年の大リーグでは本塁打の総数が史上初めて６０００本台に達しました。

ワールドシリーズを制したヒューストン・アストロズは、統計学者や物理学者、数学者などの協力を得て、この「スタットキャスト」で得られたデータを徹底的に活用して優勝につなげたと言われています。

トレーニング方法などでもそうですが、日本に比べるとアメリカの方が新しい理論を柔軟に取り入れて進んでいるのは認めざるを得ません。「トラックマン」というレーダーを使った解析は日本でも始まっています。ロッテでも２０１８年から導入しました。いいところはどんどん取り入れていきたいと思っています。

大リーグで成功するために最も重要なことはコミュニケーション能力だと思います。ここで言うコミュニケーションというのは英語を話せるという意味ではありません。実際に、私がシカゴ・ホワイトソックスにいたときは母国語がスペイン語という選手が多くいました。ギーエン監督はベネズエラ出身でしたし、選手も中南米出身者が主流でした。二遊間を組んだ遊撃手のファアン・ウリベもドミニカ共和国出身で英語は話せませんでした。

プレーそのものは一流の選手の集まりなので、言葉でのやり取りがなくても全く問題はありません。そもそも日本でも試合中にグラウンドで会話をすることはまずありません。

内野手であれば、お互いの球質や捕ってから投げるタイミングを練習の中で理解し合っていれば、言葉は必要ありません。

言葉ができる、できないというよりもむしろ、普段からお互いが相手を理解しようとしているかどうかが重要なのだと思います。片言でも、単語だけでもいいから声を掛けていけば、お互いに通じるものがあります。気持ちさえ伝われば、そこから信頼関係が生まれると思います。日本人はとにかく完璧な英語を話そうとしてしまいますが、間違っていてもいいからとにかく口にしていくことが大事だと思います。中南米の選手たちは英語ができなくても、全然臆（おく）することなく陽気に振る舞っています。メジャーで活躍するためには、野球の技術的なこと以外の方がむしろ大きいのかもしれません。

大リーグでプレーした4年間は常に競争を意識していました。個々の選手が本当にハングリーで貪欲（どんよく）なのです。全員が必死にメジャー契約を勝ち取るために勝負を懸け、メジャー契約を取れば、次は25人のロースターの枠の中に入ろうと努力し、ベンチに入れれば、いかにしてレギュラーを奪うかを考える。そうやって少しでもステップアップしようとみんなが考えているのが伝わってきます。だから、出場機会が巡ってきたら、全力を出し尽くそうと体を張ってプレーをしていました。油断していれば、簡単に追い越されてしまうのです。

けがをしたからといって簡単に休んでいたら、自分が戻るポジションを失ってしまいます。そもそも長いシーズン、万全な状態でプレーできるときの方が少ないものです。100パーセントの状態の選手なんて1人もいません。多少の痛みがあっても、それを誤魔化(ごまか)しながらプレーする。不調なときにも、どうにかして成績を残せるように踏みとどまる。そういう厳しさも大リーグでプレーする中で、身をもって感じました。

メジャーの舞台を経験することで、30歳を超えてからも成長することができたと思っています。守備でも天然芝と人工芝の違いだけでなく、大リーグでは球場によって土が硬かったり、ふわふわだったりして打球の質が変わりました。人工芝でもマウンドから傾斜がついている球場では打球が伸びてくることもあり、自分の技術を向上させる上ではいい経験を積みました。

アメリカでプレーしたことで日本の野球のいい部分や、改善すべき部分が見えてきました。そして何よりも、いろいろな選手とプレーできて、野球にはまだまだ勉強すべきことや、高いレベルの世界があるのだということを感じることができました。

もう一つ、大リーグでプレーして良かったと思うことは、自分の野球観が広がったと思えたことです。ホークスでそのままプレーしていれば、2番打者の経験を積むことはなかったかもしれません。苦しい思いもしましたが、考え方が柔軟になり、視野が広がりました。

大リーグ時代は本塁打数が減りましたが、決してパワーが衰えたとか、飛距離が落ちたということではありませんでした。その気になれば30本塁打を打つ自信はありました。でも、自分が求められていることは、試合の状況を的確に把握して、チーム打撃に徹することでした。ホームランは確かに野球の中で一番の魅力ですが、自分の献身的なプレーが勝利につながったときには、本塁打とは違った充実感が得られました。メジャーでの4年間で、新たな経験をすることは必ず成長の糧になることを実感することができました。

第4章　壁の乗り越え方

●壁にぶつからない人間などいない

1997年にプロ野球選手になってから、私はたくさんの壁にぶつかってきました。デビュー戦で満塁本塁打をマークしてプロ人生をスタートさせましたが、その後は決して順風満帆だったわけではありません。むしろ、けがでの戦列離脱や、遊撃手から二塁手へのコンバートなど紆余(うよ)曲折がありました。

もっとも壁にぶつからない選手などいないのかもしれません。あの長嶋茂雄(ながしましげお)さんも高校時代は遊撃手だったのが立教大学に入って三塁へコンバートされたといいます。朝、晩と毎日毎日、ノックを受けて華麗な守備を自分のものにしたそうです。天才と称される裏側で想像を超える努力を重ねてきたからこそスーパースターと呼ばれる存在になれたのでしょう。

巨人でプロ野球記録の通算868本塁打を放った福岡ソフトバンクホークスの王貞治球団会長も最初の数年間は「三振王」と言われて苦しんだのです。壁にぶつかったとき、そこで諦(あきら)めてしまえばそれまでですが、それを乗り越える努力を重ねることができれば、逆に壁は成長を生む原動力になるのだと思います。

私は壁にぶつかったときに多くの方々に助けられて来ました。その時々は、もがき苦しんだつらい思い出ですが、自分が指導者になった今は、それらを経験したことで、選手が何につまずき、悩んでいるのかを理解してあげられるのだと思っています。遠回りしたことを含めて無駄な経験は一つもないのだと感じています。

読者の皆さんも、仕事や勉強などで困難にぶつかることがあると思います。そのときに、ちょっとした発想の転換や、目標の持ち方を変えることで、乗り越えられることはたくさんあります。私の経験が皆さんにとって参考になればと思います。

●何でもいいからタイトルを取れ

私はプロ入り1年目から1軍でプレーし、遊撃手としてレギュラーの座も獲得しました。2年目の1998年には21本塁打をマーク。下位打線で一発のある「意外性の男」としてスポーツ紙でも度々、見出しになっていましたが、打率は2割台前半と殻を破り切れていませんでした。その私に大きく成長するきっかけを与えてくれたのは、当時、福岡ダイエーホークスで外野守備・走塁コーチを務めていた島田誠(しまだまこと)さんです。

島田さんに教わったのは技術的なものというよりも、「考え方のヒント」とでもいうものでした。ほんの少しだけ、角度を変えて見るだけで、今までは途方もなく高いと思っていた壁を乗り越える手掛かりが得られることを教えてくれたのです。

転機は4年目の2000年に訪れました。6月9日の大阪近鉄バファローズ戦で2点本塁打を放ったときに、左肩を痛めてしまったのです。一度出場選手登録を外れて、肩を休めて6月23日から戦列に復帰。遊撃手として先発出場を続けていましたが、どうしても肩の状態が上がってきません。改めて7月に入って、福岡市内の病院で診察を受けたところ、手術が必要な状態であることが判明し、8月10日に手術を受けました。

医者からは全治3カ月と言われていましたが、自分の中ではそんなに休んではいられないと思っていました。私が1軍を離れてから、遊撃は鳥越裕介(とりごえゆうすけ)さんが守っていましたが、私がいない間にもチームは順調に優勝争いを勝ち進んでいたのです。

9月から2軍で打撃練習を再開。当時、高知県で秋に行われていた秋季教育リーグの黒潮リーグに出場できるところまで回復しましたが、1軍に復帰するのは日本シリーズまで待たなければいけませんでした。その間、「焦ってはいけない」「日本シリーズに間に合えばいい」と自分に言い聞かせていましたが、このままではポジションを奪われてしまうと危機感ばかりが募っていました。

1996年のドラフト会議で一緒に指名されて入団した同期の松中信彦選手や柴原洋選手が優勝争いの中、1軍で活躍しているのを横目に、2軍で練習をする日々。そのとき2軍でコーチをされていたのが、島田誠さんでした。

1軍から離れて、1人練習で落ち込んでいる姿を見かねたのでしょう。

「なあ井口。松中や柴原は立派に頑張っているけれど、お前が彼らを追い抜くには、どうしたらいいと思う」と声を掛けられました。

答えが見つからず、口ごもっていると、島田さんは言葉を続けました。

「何でもいいからタイトルを取るんだよ。彼らはまだ何のタイトルも取っていない。お前だったら何のタイトルが取れると思う」と聞かれました。

当時のパ・リーグにはタフィー・ローズ（大阪近鉄バファローズ）、ナイジェル・ウィルソン（日本ハムファイターズ）ら外国人のホームランバッターが何人もいて、本塁打王はどう考えても無理です。打点王もクリーンアップトリオを打てない限りは難しい。では、打率はと言えば、2000年の時点ではまだイチローさんがオリックス・ブルーウェーブでプレーしていましたし、その年の自分の打率は2割4分7厘で、とても首位打者を狙える位置にはいませんでした。

消去法で考えていったときに、最後に残ったタイトルが「盗塁王」でした。そのとき、島田さんの口からは直接、「盗塁王」という言葉は出ませんでした。でも、頭の中にはあったはずです。私が自分からそう考えるように水を向けてくれたのだと思います。

●目標から逆算して考える

盗塁王という目標は悪くないものでした。その頃の私は、プロの壁に突き当たっていて、何をやればいいのかが、よく分かっていませんでした。何をしても結果につながらない。自分のレベルは正直、この程度なのかもしれないと思うこともあったぐらいです。

それまで長いトンネルの中にいた私にとって目標が明確な数字として目の前に出てきたのは大きなことでした。阪急ブレーブスの福本豊(ふくもとゆたか)さんが１９７２年に樹立したシーズン最多記録は１０６盗塁です。福本さんの時代は、盗塁王になるには60個以上の数字が必要でしたが、２０００年頃は30～40盗塁の間でタイトルが決まっていました。

その時点で私のシーズン最多盗塁は99年の14盗塁でしたが、30盗塁ならば狙えない数字ではないと思えました。そこで逆算して考えてみたのです。１シーズンが６カ月なので１カ月に５盗塁。１週間に１個のペースで盗塁を決めればいい計算になります。その上で一つでも二つでも上積みができれば盗塁王も手の届かないものではないと思えました。

シーズンが実際に始まると、家族にお願いして、リビングのカレンダーに目印を付けるようにしました。盗塁をしたら緑の丸いシール、ついでに本塁打を打ったときには赤の丸いシールというように目に見えるようにしました。目標を達成できているかどうかが一目瞭然（りょうぜん）で、シールが付いていれば目標を達成できているな、と確認できるし、シールが付いていなければ、頑張らないといけないと思える。自然とやる気が引き出されました。

シーズン序盤、一塁に出ると、一塁ベースコーチをしている島田さんとアイコンタクトを取っていました。右目をウインクしたらスタートを切る。これが不思議なことに、島田さんの出すサイン通りに走ると、相手投手は必ず変化球を投げるのです。

野球というスポーツは非常にバランス良くできていて、簡単に盗塁ができるようにはできていません。塁間の距離は約27・4メートル。普通に走った場合、良く見積もっても成功率はフィフティー・フィフティーにもならないかもしれません。いかにして１２０パーセントにするか。「盗塁王」という目標が頭に浮かんだときから、そのことばかりを考えていました。

盗塁は一般的に3・3秒の攻防と言われます。投手が投球動作に入ってからキャッチャーミットにまで届く時間が約1・3秒、捕手が捕って二塁まで投げるのに約2秒。合計3・3秒以内に、一塁から二塁へ到達すれば盗塁成功で、逆に到達できなければ盗塁失敗です。

この3・3秒という数字は走者にとってはかなり厳しい数字です。普通に走っていては、簡単に盗塁は成功しません。特にプロの世界では、捕手の肩は良く、投手もクイックモーションで投げるなど走られない工夫をしてきます。

足が速ければ盗塁が成功するわけではありません。ポイントの一つは相手の配球を読むことです。150キロの速球と120キロの変化球では投手から捕手へ届くのに0・1秒程違ってきますので、配球を読むことが大事なのです。

0・1秒と言うと、たいしたことがないように思うかも知れませんが、プロの世界での3・3秒の攻防では、この数字は大きな違いです。それも捕球してから送球体勢に入りやすい外角の高めなのか、逆に体勢を整えるのに時間がかかる内角低めへの変化球なのかでも成功率には差が出てきます。小さな積み重ねの中で、大きな差ができてくるのです。島田さんはこの、投手が変化球を投げてくるタイミングをピタリと当てていたのです。

●配球と投手の癖を見抜く

毎回毎回、島田さんが変化球の来るタイミングを当てるので、自分でも配球を研究するようになりました。データを見ていくうちにあることに気が付きました。投手や捕手のそれぞれの癖や傾向だけでなく、場面やカウントなどで配球がパターン化されていることも見えてきたのです。当時、私は主に3番を任されており、出塁すれば4番、5番、6番打者が打席に立っているときに走ることになります。

2001年のダイエーホークスの中軸は強力でした。4番は小久保裕紀内野手、5番は松中信彦内野手、6番は城島健司捕手と秋山幸二（あきやまこうじ）外野手。小久保さんの44本塁打を筆頭に気の抜けない打線でした。

当然、投手としてはボールが先行して打者有利なカウントになった場合、簡単には直球を投げられなくなります。

2ボール1ストライク、3ボール1ストライク、平行カウントの2ボール2ストライクなど打者が有利になった場面で、長打がある打者に簡単に真っすぐでストライクを取りに行くと痛打を浴びる危険性が高いため、当然、バッテリーは変化球で慎重に行くことを選びます。

これは塁上にいる走者から見れば、盗塁の成功率が少しでも上がる変化球でスタートを切れる可能性が高まるということです。この他にも、変化球が2球連続でボールになった場合には、次は変化球が来る確率は下がりますが、直球が続けてボールになっている場合には、次は変化球が来るとヤマを張ることができます。

事前にデータを見ておくことも大事です。変化球投手の中には、初球の球種が極端に変化球に偏っている場合があります。後続の打者との相性や、カウント別での球種の割合も頭に入れておくだけで、配球が読める場合があります。そういうセオリーや、投手ごとの傾向を理解した上で投球を見ていると、次はほぼ確実に変化球だなと分かるようになりました。盗塁王を意識することで、自然と配球の研究に力が入りました。

もう一つの重要なポイントは相手の癖を見抜くことです。投手にはそれぞれ癖があります。私が現役時代、一番分かりやすかったのは日本ハムの岩本勉（いわもとつとむ）投手でした。打者に投げるときには必ず一塁走者を目でしっかりと見ますが、本当に牽制（けんせい）球を投げようとしているときには走者の目を見ないように視線をそらすのです。だから、岩本投手と目が合わないときは走らず、目が合ったときはスタートを切る。たったそれだけで盗塁の成功率がグンと上がるのです。この他にも走者を見る回数や、頭の動かし方で牽制球を投げるかどうかが分かる投手もいます。

配球と相手の癖。この二つを研究するだけでも随分と成功率は変わりました。盗塁の面白さに目覚めてから、それまで以上に、相手の投手を観察する習慣が身につきました。初対戦の投手や、まだ癖を見抜けていない投手に対するときにでも、データを参考にすることで盗塁の成功率を少しでも高めることができました。

盗塁のスタートを切るのは、すごく勇気のいることです。打撃ではたとえチャンスに凡退しても、気持ちを切り替えるのは割と簡単です。でも、盗塁失敗は自分だけでなく、チーム全体の雰囲気を悪くします。一つ間違うと試合の流れを相手に渡しかねない危険性を持っています。その重圧の中で走るためには、少しでも成功率を高める努力を重ねることが大事だと思っています。

●配球が分かると打撃にも好影響が

盗塁を意識するようになって、思わぬ副産物がありました。自分が打席に立っていないときも、盗塁の成功率を高めるために、相手の投手をよく見るようになっていました。試合中にグラウンドに集中している時間がそれまでよりも断然、長くなっていたのです。

先ほども書いたように、配球のデータも自分に対するものだけでなく、自分の後ろの打者へのチャートもよく見るようになりました。自分が塁に出たとき、盗塁するためには後続の打者への配球が重要になるのですから当然のことだったのですが、そうした積み重ねが自分の打撃にも好影響をもたらすようになっていました。

盗塁王に狙いを定めて入った２００１年は前半戦終了までに34盗塁していました。１週間に１個と最初に掲げていた目標を大きく上回り、前半だけで当初のシーズンの目標としていた30を上回っていました。この時点で、ライバルは松井稼頭央内野手（西武）と小坂誠内野手（ロッテ）の20。盗塁王を獲得した経験を持つ２人が相手だったので気を抜くことはできませんでしたが、それでも初のタイトルがぐっと現実味を帯びてきました。

盗塁をすることが本当に面白くなり、それまで以上に盗塁に集中するようになっていました。以前は投手と打者の駆け引きだけしか見えていなかったものが、自然と走者の動きまでを含めたトータルで野球を考えられるようになっていました。

相手投手の研究が一段と進んだことで、結果として自分の打席での配球の読みがより的確になっていました。打率が上がり、盗塁と同じように週に１本を目標にしていた本塁打の数も増えていました。

何よりも意識が大きく変わっていたのです。それまでは本塁打を打ちたい、ヒットを打ちたいと思っていました。でも、盗塁を重ねるうちに打席の中での思いが明確になりました。

「塁に出たい」

盗塁が一番できるのは、一塁にいるときです。二盗、三盗と2度も盗塁をするチャンスができる。これが二塁打なら三盗の一度しかない。ましてや本塁打ではノーチャンス。そして一塁に自分が立つのを目的にした場合、それは安打でなくてもいいのです。四球でも一緒ですし、もっと言えば塁上に残ることさえできれば、記録は凡打でも構わないのです。

この意識の変化は大きなことだったと思います。米大リーグのオークランド・アスレチックスのビリー・ビーン・ゼネラルマネジャー（GM）が取り入れて「マネーボール」として有名になったセイバーメトリクスという考え方があります。

打率、本塁打数、打点や勝利数や敗戦数、セーブ数、防御率といった従来の数字だけではなく、打者や投手のチームの勝利への貢献度を測る試みがされています。その中の指標にOPSというものがあります。数値の出し方は簡単です。出塁率と長打率を単純に足すだけのものです。
なぜこの数値が大事にされるかと言うと、野球は最終的に多く得点を取れば勝てるゲームです。そのためには、より多くランナーを塁に出した方が、得点を挙げる確率が上がります。要するに、塁に出る方法がクリーンヒットであろうが、四球であろうが試合に勝つ確率は一緒なのです。打率の高低より出塁率の高低の方が、チームの勝利への貢献度を正確に測れるという考え方なのです。

盗塁するチャンスを求めるようになったことで、結果として自分の打率を上げることよりも、いかに出塁するかを考えるようになっていました。その意識の変化が、自然と自分の打撃成績より、チームの勝利に貢献する姿勢を生んでいました。

プロ野球選手としてのデビュー戦を満塁本塁打で飾ったことで、私はどこか本塁打の呪縛（じゅばく）にとらわれていました。口ではずっと本塁打を狙っていないと言いながら、心のどこかではホームランの快感を求めていたのです。それが、出塁にこだわる姿勢が身についたことで、２００１年は最終的に44盗塁をマークして、私にとって初めてのタイトルを獲得できた上に、本塁打もプロ５年目で初めて30本をクリアしていました。

盗塁王を目標に定めてから、一つだけ決めていたことがありました。タイトルを狙うと言っても、それはチームの勝利に貢献できるものでなければならないということです。自分の記録のために、アウトになってもいいからイチかバチか走れば、盗塁数を増やすことはできるかもしれませんが、それでは意味がありません。

もともと、盗塁は打者の立場で考えると必ずしも歓迎されるプレーではありません。投手との勝負に集中しているときに、ランナーが動くことで、２度も３度も牽制球を挟まれると、イライラしてしまいます。そして走者がいいスタートを切ったときには、ストライクが来ても見送らなければならず、結果としてカウントが悪くなることもあります。

その上、盗塁に失敗して走者がいなくなれば、それまでセットアップで投げていた投手はワインドアップに戻ってしまい、タイミングを取り直さないといけなくなります。盗塁に成功したとしても守備の陣形が変わり、リズムが変わってしまいます。打者にとっては塁上で走者に動かれるのは邪魔なことでしかないのです。

だからこそ、盗塁をする以上は自分のためだけにするのではなく、チーム全体のためにならなければいけないと思っています。そして絶対に失敗してはいけないプレーなのです。

もちろん、実際には相手がいることなので、全てを成功させることはできません。それでも、120パーセントの自信があってはじめてスタートを切ることが許される。そういうプレーだと思っています。

●金森さんとの出会い

島田誠さんのヒントから盗塁王を目指したことで、好循環が始まっていました。2001年の打撃成績は打率2割6分1厘、30本塁打、97打点、44盗塁。いずれもプロ5年目で最高の数字を残すことができたのです。

成績が上がってきたことで、それまで以上に欲が出てきました。プロに入るときに目標として掲げていた打率3割、30本塁打、30盗塁の「トリプルスリー」も実現できない数字ではない。そう思えるところまでは来たのです。

ただ、そうは言っても、3割を打つためには、まだ4分近くも打率を上げなければいけません。

「打率を上げるために必要なことは何か」

時間があれば、そのことばかりを考えていましたが、なかなか答えにはたどり着けません。そんなある日、ふと気になることがあったのです。

2002年のシーズン中のことです。西武ライオンズとの試合前練習でした。普段から時間があれば、相手チームの練習も観察するようにしていました。自分のバッティングに何かプラスになることはないか。見ているだけでも勉強になります。

そのときもダッグアウトから西武の選手の練習を見ていました。そのときに奇妙なことに気が付いたのです。当時、西武の選手だった和田一浩（わだかずひろ）選手やアレックス・カブレラ選手がティー打撃を行っていましたが、通常とは違う位置にティーを立ててバットを振っていました。

打者がティー打撃をする場合、投手側にティーを置くのが普通です。右打者なら左腰の前辺りに置きます。私もそうしていました。でも、当時、西武の打撃コーチ補佐を務めていた金森栄治さんに指導を受けている2人は、捕手側、つまり右腰の方にティーを立ててバットを振っていたのです。

「なぜなのか」

すごく興味が湧きましたが、相手チームのコーチや選手に聞きに行くわけにもいかず、ダッグアウトからずっと見ているだけでした。

それが、またとないチャンスが巡ってきました。金森さんが2003年からダイエーのスコアラーになったのです。もっともコーチではありませんから、チームに同行しているわけではなく、直接、バッティングを教えてもらえるわけでもありません。

接点がないまましばらく時間が流れましたが、高知での春季キャンプ中に、練習から引き揚げてロッカールームに行くと、ちょうど金森さんがいたのです。

グラウンドで目が合えば会釈ぐらいはしていましたが、言葉を交わしたことはありません。ほぼ初対面でしたが、私の中ではずっと気になっていた、ティーを置く位置について聞いてみました。

逆に金森さんから「お前はどこで打っているんだ」と聞かれたので、左腰の前であることを示すと「お前みたいな選手にはもったいないよ」と言われました。

ティーを置く位置にどういう意味があるのか。そこから講義が始まりました。バットでボールを捉(とら)えるポイントにティーを置くのだということが理解できれば、機械的に左腰の前に置くことに意味がないことは当然のことでした。

では、なぜ右腰なのか。それはボールを前で捌（さば）くのではなく、引きつけて打つことを意識するためでした。投手側の左腰ではなく、捕手側になる右腰の前にティーを立てることでより引きつけて打つことを体に覚えさせる。

なぜ、引きつけて打つのか。腕を伸ばして前で捌くとどうしてもミスショットが多くなる。引きつけて腰で打つ。そうすることで広角に打てるようになり、確実に打率は上がる。そこまで教えてくれると、その足で室内練習場へ向かい、実際に打撃指導までしてくれました。

ボールを前で捌くのは、バットからの力を一点で伝えるイメージですが、引きつけて捉えるのは、ボールをバットに乗せてグッと押し出すようなイメージです。バットに乗っている時間が長い分、力が強く伝わります。だから、たとえ詰まっていてもボールに力が伝わっているために、フラフラと上がったボールでも二塁手の頭を越えてヒットになることがよくあります。

ゴロでも一緒です。金森さんに打撃指導を受けていた和田さんの打球は、二塁手として守っていて本当に嫌な球筋でした。打者がバットにボールを当てた瞬間に、打球方向を予測して一歩目を踏み出すのですが、他の打者に比べて、和田さんの打撃はワンテンポ遅れて打球が出てくるのです。

このわずかな違いで、右側に飛んで来ると予想していた打球が左側を抜けて行ったり、予想よりも遅れて飛んで来たのに、イメージよりも速いスピードで抜けて行ったりするのです。詰まっているはずなのに、しぶとく外野に抜けていく。引きつけて打つことに効果があることの証拠です。

●「引きつけ打法」の極意

「引きつけ打法」の目的は右方向へ強い打球を飛ばすことで、決してどん詰まりの打球を飛ばすことではありません。でも、このどん詰まりにこそ、この打法の極意があるのです。打ち取られたと思った打球がポテンヒットになり、詰まらされたと思った打球が外野に抜けてヒットになる。こういうしぶとい1本が、シーズンを通してみると、大きな違いを生むのです。

そもそもクリーンヒットというのは、そう打てるものではありません。どんな好打者でも読み通りのボールが来て、納得のいくスイングで完璧(かんぺき)に捉えて打ったヒットは全体の半分にも満たないのではないかと思います。絶好調で100パーセント打てると思っていても、結果は100パーセントにはならないのが野球です。

シーズンにレギュラーとして出場した場合、500打数になるとして、150安打を打たなければ打率3割にはなりません。でも、実はこれは打率2割8分の打者と10本しか違わない数字なのです。

10本で2分の違いが出てくる計算です。当時、私は2割6分程度で苦しんでいましたが、逆に言えば、20本程度増やせば、3割に届く計算になるのです。一口に20本と言うと大きな数字ですが、シーズンが6カ月で24週程度あると考えれば、詰まった打球でいいので今の安打数に1週間に1本増やすことができれば、3割打者になれるのだと教わりました。

それから金森さんにはスコアラーの仕事の合間を縫って練習に付き合ってもらいました。金森さんの口癖は「ティーを右腰の前で打てば3割バッター。左腰なら2割5分」というものでした。

ティー打撃ではさっそく右腰の前に置いてバットを振り込みました。フリー打撃のときにも手元にボールを引きつけることを意識して取り組みました。でも、これが思った以上に難しいのです。体に近い場所で打つのは、前で捌くのに比べて体勢が窮屈になります。タイミングも今までと違うため、最初の頃は打ってても打ってもファウルにしかなりません。前に飛んだとしても、どん詰まりにしかなりません。前で捌いていたときに、気持ちのいいように飛んでいた打球の軌道とは全く異なります。

ボールを引きつけて内側から打つのがバッティングの基本。そのために腰を先に回転させて、腕が巻き付くようにして出てくることでヘッドが最後に出る。「引きつけ打法」の意味も、打球が詰まることの利点も頭では全て分かっていたのですが、練習を始めた当初は苦痛で仕方ありませんでした。

それまでに比べると50~60センチは手元に引きつけてから打ちます。投手板から本塁までが18・44メートルしかありません。その中で50~60センチも手元に呼び込むのは本当に大きな違いです。キャンプ中、打撃練習で打っても打っても遠くへ飛びません。それどころか打撃ケージから打球が出ることすらないのです。

フリー打撃で思い切り振り切って左翼スタンドにポンポンとボールを打ち込むと、本当に気分が良くなります。しかし、金森さんには口酸っぱく「練習でいくらホームランを打っても意味がない」と言われていました。

練習中にどんなに特大のホームランを打ったところで、試合で凡退すれば何の意味もありません。でも、本番ではクリーンヒットでなくてもヒットはヒット。この１本のヒットをきっかけにチームは貴重な１点を奪うチャンスが生まれてくるのです。

「よし、その調子だ」

練習中、ファウルを打つと打撃ケージの横に立っている金森さんからそう声を掛けられました。ファウルになるのはボールを我慢して引きつけている証拠だからです。

「練習で気持ち良く打ってはいけない。ボールを体の近くに呼び込んで苦しみながら打て」

繰り返しそう言われて、励まされました。

●問題の本質は何かを考える

確実性を高めながら、より強い打球を打つ。相反することを実現するのは簡単なことではありません。打撃フォームも窮屈なものになります。一般的には腕を伸ばした状態でボールを捉えるのがいいとされています。腕が伸びている状態が遠心力が一番利くからですが、これでは体の近くでボールを捉えることはできません。

両脇を締めて打球を捉える。この打撃フォームはかなり苦しいものです。実際にこの年のキャンプで金森さんの指導を受けた選手は私以外にも何人かいましたが、最後まで続けられたのは、米大リーグでも同じ時期にプレーした城島健司捕手だけです。

苦しい思いをしながらも、金森さんを信じてついて行けたのは、理論的な裏付けがあったからです。ちょうど、私が苦しんでいたころ、同級生で米大リーグ、ヤンキースに移籍した松井秀喜（まついひでき）選手が、速球が手元で微妙に変化するメジャーの投手のツーシームに苦しんでいる姿をテレビ中継などで見ていました。その対策として、引きつけて打つことを意識しているのを見て、金森さんの理論と同じだと感じていました。

また、「引きつけ打法」に取り組み始めたからこそ気付いたのは、プロ野球記録となる通算868本塁打を放った王貞治さんや、通算3085安打をマークした張本勲（はりもといさお）さんのミートポイントもかなり捕手よりだということでした。日本では一般的に前で捌く打撃が主流でした。王さんや張本さんのバッティングも漠然と見ていたころは「前で打っている」と思っていましたが、過去の映像や写真でミートポイントに意識を置いて見ると、手元に引きつけて打っていることが分かりました。

金森さんから指導してもらったことで、自分がプロ入り後、どうして壁に突き当たっていたかも分かりました。リトルリーグ時代から私は右打者にもかかわらず、右方向へ長打を打つのが得意でした。だから、流し打つのではなく、もっと引っ張れれば左方向に本塁打数が増えるのではないかと単純に考えていたのです。

その考えが間違っていたことは、金森さんから自分の打撃について聞かれてようやく理解できました。

「どうして自分の打球が右へ飛ぶか分かるか」

その質問に、私は答えることができませんでした。右打者の打球が右方向へ飛ぶのは、一般的には振り遅れた場合です。振り遅れた打球は力のないものになりますが、それでもスタンドに入るだけの長打力があるのだから、きちんと引っ張ればホームランは増えるのでは、というぐらいにしか考えていなかったのです。

「それは間違いだ」

金森さんが私の打球が右へ飛ぶメカニズムを説明してくれました。ボールを引きつけて体に近いポイントで打っていたから右方向に強い打球が飛んでいたのです。実は、私の打撃の持ち味は、もともとボールを引きつけることにあったのです。自分の打撃を理解できていなかったために、私は間違った練習をしていたのです。

対症療法で表面的な結果を追い求めるのではなく、問題の本質は何かを考えることが大事なのだということを金森さんには教わりました。２０１８年から打撃コーチとしてまた千葉ロッテマリーンズの選手を指導してもらっています。選手には、この考え方の部分を一番、感じてほしいと思っています。

●二塁手へのコンバート

２００1年に盗塁王を目指すことで野球への取り組み方が変わったことは書きました。実は、この年にはもう一つ大きな変化が起きていました。遊撃手から二塁手にコンバートされたのです。

左肩を痛めて２０００年のシーズン終盤を棒に振り、チームのリーグ2連覇の力にはなれませんでした。シーズンが終わったある日、広げた新聞に自分の二塁コンバートの話が載っていました。遊撃手に誇りを持ってプレーしていましたので、そのニュースを読んだときの衝撃は大変なものでした。

秋季キャンプに半信半疑のまま向かいました。当時ダイエーの内野守備・走塁コーチを務めていた森脇浩司(もりわきひろし)さんに遊撃手から二塁手へのコンバートを告げられ、本当にセカンド一本なんだと聞いたときには落胆しました。

内野手の花形であるショートと違い、セカンドのイメージは地味です。二塁手には三遊間への深い打球を逆シングルで捕ってから強肩を生かして一塁でアウトにするというような派手な見せ場はありません。ショートは中学からずっと守ってきたポジションです。自分が失格と言われたような気持ちになっていました。

しかし、森脇さんがコンバートを勧めてくれたのには理由があったのです。ドーム球場が増え、日本のプロ野球の本拠地球場の多くは両翼が100メートルを超えるようになっていました。球場が広がり、選手のスピードも上がるにつれて日本の野球の質が変わり、それまでの野球の常識が変わりつつあったのです。

攻撃側には、より先の塁を狙う隙のない走塁が求められ、守備側は走者をいかに三塁へ進ませないかが大事になってきていました。そのためには二塁手が鍵(かぎ)を握る存在になります。走者が一塁にいて、右翼線に安打が飛んだとき、右翼手からの返球を受けた二塁手の中継次第で一塁走者を三塁で刺すことができるのです。野球のプレーが攻守にわたってスピードアップする中で、右翼手と二塁手の重要度が高まっていました。

正直、コンバートには乗り気ではありませんでしたが、実際に二塁手の練習を始めると自分の気持ちの中に変化が起きました。セカンドは自分が勝手に思い込んでいたのとは全く違いました。遊撃手時代とは違う難しさや面白さを感じたのと同時に、新しいポジションでも絶対に誰にも負けないという、もともとの自分の負けん気にも火が付きました。二塁手としてはゼロからの勝負です。オフの優勝旅行を辞退して、2軍の若手選手に交じって二塁の守備練習に明け暮れました。

また、森脇さんにはもう一つの狙いがあったようです。私がセカンドを守ることで、ボディバランスが改善されると考えていたのです。「お前は左側に突っ込んで球を捕ろうとすることが多い。このボディバランスの悪さが、バッティングにも影響している」というのが森脇さんの分析でした。このことは、実際に二塁手の動きを繰り返し練習する中で、実感することになります。

二塁手として練習を始めるとすぐに分かりました。遊撃手のような派手な動きはありませんが、体の使い方がとても複雑なのです。遊撃手の動きは基本的に体の左方向に偏っています。体の右側、三塁側へ飛ぶ打球もありますが、多くの打球は自分の左側、二塁側で捕球できます。捕ったボールを送球するのも三塁へ投げるよりも圧倒的に一塁と二塁への送球が多く左方向への動きが大半です。だから左側に体が流れたり、体勢が崩れたりしても、一連の動きの中で何とか誤魔化（ごまか）すことができます。

しかし、二塁手の動きはそう単純ではありません。常に状況判断が必要になります。捕球後の送球もそのときの走者の状況、アウトカウント、打球の強さなどで、一塁にも二塁にも自在に投げ分けることが要求されます。二塁寄りの打球を捕球して一塁へ投げるときには、体を大きく捻（ひね）らなければいけません。右にも左にもその時々で瞬時に判断して動かなければならない上に、動きは一定方向では終わらないのです。

もちろん、走者が１人もいない状況であれば、一塁への距離が近い分、時間的には余裕を持ってプレーできます。でも、一塁に走者が出ると判断すべきことが一気に増えます。アウトカウントだけではありません。試合が序盤なのか、終盤なのか、得点差はどうなのか。投手の力量も考慮に加えて次のプレーを予測して備えていないと正しい判断はできません。しかも、一瞬バランスを崩すだけで、併殺を取ることはできなくなります。

二塁カバーに入った遊撃手にトスをするだけでも多くの要素が絡みます。遊撃手が確実に捕球して一塁へ転送しやすいトスを上げることができて、はじめて併殺が完成します。

最近は併殺阻止のためのスライディングが禁止されたので、以前ほどではなくなっていますが、私が二塁を守っていたころは、トスのタイミングや上げた場所が逸れることは、併殺が取れないだけでなく、遊撃手をけがの危険にさらすことになるのでコンビネーションは重要でした。

打球が三遊間へ飛んだときも、直接、打球を処理することはありませんが、気を抜くどころか、難易度はむしろ高いぐらいでした。三塁手や遊撃手の送球を受ける瞬間までは、ボールから目を離すことができないため、一塁から走り込んでくる走者の動きは分かりません。

遊撃手時代に二塁ベースにカバーに入るのは、打球が一、二塁間に飛んでいるときでした。二塁手から受けるトスも、一塁から走り込んでくる走者も、同じ方角から来るために両方を視界に入れてプレーすることができました。しかも捕球後に投げる一塁も同じ体の左方向にあるために、一連の動きは一方向で済み、二塁手のように動く方向を右、左と切り替える必要がありません。二塁手の練習を始めたことで、自然と左右両方の動きを意識するようになり、バランスが向上していきました。

併殺に最低限の正確性は必要ですが、スピードの方がより優先されます。三塁手や遊撃手からの送球が常に正面に来るとは限りません。送球が逸れることは、それだけ走者と交錯する危険が増すことになります。

けがをしないためには、送球が逸れたときにどうするかを常に想定しておくことが大事になります。体の右側に逸れた場合は、状況に合わせて前に出るか、後ろに下がるか。前後の動きだけで走者を避けることができます。

でも、体の左側に逸れた場合は、走者が走り込んでくるコースと重なるため、後ろには逃げられません。足を思い切り伸ばして、二塁ベースの前で捕球するしかありませんが、併殺を完成するためには、捕球後に体を真横に捻って一塁へ投げなければいけません。このときにバランスを崩さずに、素早く速い球を投げるためには、優れたボディバランスと強い肩が求められます。

●魅せるプレーではなく、プレーを魅せる

二塁手を経験をする前は、遊撃手と違って強肩である必要もなく、小技を使うイメージでした。それが練習を開始してすぐに二塁手ほど難しいポジションはないと感じるようになりました。二塁手にコンバートされたことで、そのことを知ることができました。

現役時代、近鉄バファローズ、広島カープ、南海からダイエーホークスと守備で高い評価を得てきた森脇さんから贈られた言葉で最も心に残っているものがあります。

「魅せるプレーではなく、プレーを魅せる」

派手に見えることがプロの守備ではない。簡単な打球にも難しい打球にも、堅実で、的確なプレーを重ねることが、結果として観客を沸かせるプレーにつながるという教えです。難しい打球を、難しく見せない。それこそが本当のプロのプレーなのです。

二遊間を抜けそうな打球に横っ跳びで飛び付いて捕球すれば、ファンは喜んでくれます。でも、事前に打球の方向を予測して守備位置を二塁寄りにしていれば、そもそも飛び付く必要もありません。正面で捕球をすれば、大きな歓声は得られませんが、確実にアウトを取ることができる上に、塁上に走者がいれば、次の動きにも備えられます。

ジャンピングスローやダイビングキャッチなどがファインプレーではないのです。難しい打球を難なく捌いてみせることこそが本当のプロフェッショナルなのだと思っています。

守備が上達するのに近道はありません。繰り返すことでしか身につきません。何よりも練習でできないことは、試合では絶対にできません。森脇さんとの練習はとても密度の濃いものでした。キャンプ中、全体練習とは別に特別に個々の選手のために行う守備練習のことを「特守」と呼びますが、私の場合はキャンプ中に毎日、欠かさずに行っていました。そのために、敢（あ）えて練習のメニュー表に「特守」と書かれることはありませんでしたが、とにかく毎日毎日、ノックを受け続けました。

全体練習が終わった後に、ボールケースを3箱用意してノックが始まります。全てが終わるまで優に1時間以上はかかります。1日の練習の最後ですから、ただでさえ疲れている中での練習でした。それでも森脇さんがうまく乗せてくれて「もう1箱」と言いながら打ってくれて最後までやり切ることができました。1時間以上もノックを打ち続けるというのは大変なことです。森脇さんが毎日、自分のために打ってくれている以上、私が先に弱音を吐くわけにはいきませんでした。

シーズンに入ってからも、守備で上手（うま）くいかないことがあると、試合後に必ず森脇さんと一緒にビデオで動きを見返しました。何が失敗の原因で、どうすればそれを防げるのか。その反省をもとに翌日の練習では徹底して修正しました。

そのお陰で、コンバートされた1年目の2001年にゴールデン・グラブ賞をいただきました。でも、自分の中で何とか二塁手として一人前になれたと思えるようになったのは、翌年の2002年のことです。1年目は目の前のプレーに追われて必死という感じだったのが、2年目になって、ようやく三塁手や遊撃手の動き、一塁から向かってくる走者の動き全体が見渡せるようになったのです。

●変化を恐れないこと

全体の動きが見えるようになってくると、送球が左右に逸れたときにも早めに対処できるようになりました。それまで目の前のプレーにだけ集中していたのが、余裕を持てるようになってからは、送球がどちらの方向へ逸れても、確実に捕球して、走者を避けながら一塁へ投げられるようになりました。

森脇さんと二人三脚で、反復練習をしながら、試合での失敗を分析していくうちに、打者の打球方向の傾向や、一緒に守る三塁手や遊撃手の動きの癖、走者の特徴などが自然と頭に入ってきました。

動きが分かるようになってくると、捕手が出したサインをもとに、どんな打球が飛び、誰からどんな送球が来るのか。そういうことを事前に予測できるようになってきました。イメージができていれば、仮にボールが逸れても、余裕を持って対処をすることができます。打撃もそうですが、万全な準備をしておくことが大事なのです。

全体が見渡せるようになったのは、ボディバランスが改善されたことが一番だと思っています。二塁を守り始めたころは、捕球してから体を捻って送球したり、体勢を立て直したり一つ一つのプレーに精一杯で、走者の動きを見るところまで行きませんでした。遊撃手時代に体の左側に偏っていた動きが、左右にバランス良く動けるようになったことで、全体の動きがスムーズになり、余裕ができて、走者にまで目が行くようになったのだと思います。

森脇さんが最初から考えていたように、私のボディバランスは二塁手になって大きく改善されました。左側に偏って前のめり気味だったのは実は守備だけでなく、打撃でもそうだったのです。体の左である投手側に突っ込んでいく癖があったのが、守備でバランスが良くなるに従って解消されていきました。金森さんから「引きつけ打法」を教わるのは、二塁にコンバートされてから２年後のことですが、二塁手に転向したことで前に突っ込む癖はなくなっていきました。

コンバートを告げられたときは正直、ショックでした。でも、変わることを受け入れていなければ、その後の成長はなかったかもしれません。変化を恐れないこと。前向きに取り組んでいけば、必ず、その先に進むことができるのだと思います。


誰しも壁にぶつかることはあります。そのときに逃げることなく正面から取り組むことが大事なのです。打撃、守備、走塁とそれぞれ全く違うことのように見えて、実はそれぞれは密接に関係し合っています。盗塁の研究や、守備での体の使い方が、打撃に活きてきたように、全てはつながっているのです。

これは野球に限らず、何にでも言えることなのだと思います。会社や学校の中で、行き詰まったときには、気持ちの持ち方や、それまでのやり方を変えてみてください。今までやってきたことを変えるのは勇気がいるものです。それでも思い切って変えることで、案外、解決の糸口が見つかるものです。

第5章　メジャーから持ち帰ったこと

プロ野球選手として21年間プレーできたのは、自分を取り巻く多くの人たちのお陰です。その時々に出会った指導者や先輩の方々などから教わったことが今の私のベースになっています。自分を形作っている一つ一つを振り返りたいと思います。

●憧れたのは秋山幸二外野手

新人のころ、自分もこんなプレーヤーになりたいと思う憧れ(あこが)の人は秋山幸二外野手でした。同一シーズンに打率3割、30本塁打、30盗塁を同時に達成する「トリプルスリー」を目指していた私にとって、米大リーグでも元サンフランシスコ・ジャイアンツのバリー・ボンズら4人しか達成していない40本塁打、40盗塁に迫る43本塁打、38盗塁を1987年にマークしたことがある雲の上の人でした。

口では多くのことを語ることはなく、背中で引っ張っていくタイプ。そんな人が、たまに心に響く一言をつぶやくのです。「この人みたいになりたい」と素直に思える先輩でした。1999年から福岡ダイエーホークスの初代主将に就任しましたが、その姿は強烈でした。

西武ライオンズと優勝争いをしていた9月8日の西武戦で、松坂大輔投手から顔面への死球を受けて左頬を骨折しながらも、フェイスガード付きの特製ヘルメットをかぶって試合に復帰。優勝が決まった9月25日の試合では一回に先頭打者本塁打で先制点をたたき出してくれました。この試合では私も八回に勝ち越しの本塁打を放っていますが、秋山さんの活躍もあって、この年は日本シリーズで中日ドラゴンズを破って日本一に輝きました。

本塁打を打てて、走れる。走攻守、三拍子がそろった理想の選手でした。どうやれば、少しでも近づくことができるのか。そのヒントをつかむために、とにかく秋山さんに自分から声を掛けて、週に何度でも食事に連れて行ってもらって、何でも教えてもらいました。

だからこそ、大リーグから日本球界に戻り、後輩を率いる立場になったときに、後輩から聞かれれば何でも教えるようにしました。食事に連れて行ってくださいと声を掛けられれば、誰でも一緒に連れて行って、自分の経験を伝えたつもりです。

身近なところにお手本になる人がいるのは本当に幸運なことです。その幸運を生かすためには、遠慮することなく、自分から相手の懐に飛び込んで教えを請うべきだと思います。

●制限されるから考える

練習を自分で考えて工夫することを身につける大きなきっかけになったのは、國學院大學久我山高で野球をしたことにあるかもしれません。中学から高校に進むときに、いくつかの学校から声を掛けてもらいました。その中には特待生としての条件を挙げてくれた強豪校もありました。

甲子園大会に出ることだけを考えていれば、そういう強豪校に行くことが近道だったかもしれません。でも、小学生で野球を始めたときから、両親に野球と勉強を両立させることを厳しく言われていて、自分自身でもそれが当然だと思っていました。

小学生のときも野球の練習が終われば、その足で塾に通っていましたし、高校を選ぶときも、野球だけの学校には行きたくないと文武両道を旨とする國學院大學久我山高を選びました。もっとも父は、特待生として野球強豪校に進むものと思っていたらしく、私が國學院大學久我山高に進むと言ったときには、びっくりしていました。

既に書きましたが、國學院大學久我山高は最終下校時間が決まっています。部活でも例外はなく、午後6時半には学校を出なくてはいけません。だから、練習時間は2時間程度で、甲子園を目指すような学校から見ると考えられないぐらいの短さだったと思います。しかもテストで万が一、赤点を取ろうものなら退部しないといけませんでした。

グラウンドもサッカー部など他の部と共用。半面しか使えない日もありました。打撃練習ができたのは１週間の間で月曜日と土曜日の２日間ぐらいでした。左翼に当たる部分でサッカー部が練習しているときには打撃練習もままなりません。もっとも私は高良武士監督に「絶対に引っ張らないので打たせてください」とお願いして、バッティング練習をさせてもらっていました。ボールを引きつけて右方向に打球を飛ばす。右翼方向には打席から１００メートルぐらい離れたところに校舎があったのですが、校舎の壁がいい目標になりました。グラウンドの制約があることで、右方向へ強い打球を打つスタイルが自然と身についたのかもしれません。

打撃練習の時間が制限されていたことは、マイナスばかりではありません。高良監督はノックが上手でした。私が捕れるギリギリのところに打ってくれるのです。私はバッティングよりも守備の方が好きでしたから、監督に「何をやる？」と聞かれれば、「守備」と即答していたぐらいです。

何かを制限されるということは、それを克服するために考えるきっかけにもなるのだと思います。もともと「選手の自主性に任せる」というのが、高良監督をはじめ國學院大學久我山高野球部の方針です。部員の一人一人が自分で必要な練習を考えて、家に帰ってから走り込みをするなど練習に取り組んでいたと思います。

私はトレーニングの一環として自宅から20分ほどかけて自転車で通学していました。たとえ雨の日でも、毎日、自転車で通いました。学校の帰りには井の頭公園に立ち寄って、坂道でダッシュを繰り返しました。公園内には階段や急な傾斜の坂がたくさんあって、練習場所には困りませんでした。

これは何も、私が特別だったわけではありません。しかし、自分で考える癖がついたことでプロの世界でも長くプレーできたのだと思います。与えられた練習しかしていないと、スランプに陥ったときに、抜け出すきっかけをつかむのが難しいものです。目的意識を持って、練習に向かっていれば、どうやれば克服できるのかが見えてくるものです。

高校2年生だった1991年の夏には甲子園に出場しました。神宮球場で行われた西東京大会の決勝で世田谷学園高に7−4で逆転勝ちして、10年ぶり2度目の夏の甲子園出場を決めました。春のセンバツ大会を含めても1985年以来の出場でした。うれしさの半面、本当に自分たちが甲子園に行っていいのだろうかという思いがありました。もっと猛練習をしていて、出場するのにふさわしいチームがあるんじゃないか。どこかでそう考えていました。

甲子園の初戦の相手は徳島の池田高でした。今思えば、出場だけで満足していたこともありましたが、完全に名前負けしていたのだと思います。試合自体はかなり善戦したと思います。０‐４と先行を許しながらも六回から追い上げ、２点差の八回には本塁打とスクイズで同点にまで追い付いたのです。

延長戦に持ち込みましたが、十回に明暗が分かれます。池田高は１死一塁で盗塁を仕掛けてきました。これを刺そうとした捕手からの送球が私の手前でショートバウンドになり、グラブを合わせることができずにボールが外野へ抜けてしまいました。結果としてこの失策がきっかけで走者の生還を許して敗れました。

全てが一瞬のできごとでした。ワンバウンドして抜けていくボール。三塁へ進む走者を刺そうと外野から送球されたボールは、不運にもイレギュラーして逸れ、一気に得点を許してしまいました。

ほろ苦い結果となりましたが、私の中ではそれほど悪い経験ではないのです。どんなことがあっても気持ちを切り替えられる方です。ダメだったことはダメだったこととして受け入れて、次に生かせばいいと思っています。それよりも、決して環境に恵まれていない自分たちが、強豪校がひしめく西東京大会を勝ち抜いて甲子園にまで進んだ。むしろ、最高の思い出です。

●小久保裕紀さんの背中を追って

國學院大學久我山高では3年生の夏に甲子園大会に出場することはできませんでした。それでもありがたいことに、11球団のスカウトから声を掛けてもらいました。そのまま高校から直接、プロに進む道もあったと思います。

でも、2年生のときに甲子園で間近に見た、石川・星稜(せいりょう)高の松井秀喜の姿が私の中では強く印象に残っていました。特大の本塁打だけでなく、3年生の夏の甲子園大会での5打席連続敬遠は社会問題になるなど「ゴジラ」の愛称で世間から注目されていました。

今の自分では松井には勝てない。木のバットへの不安もありました。そして何より、全日本のユニホームを着てオリンピックに出たいという思いがありました。当時、野球の日本代表にプロ選手は参加しておらず、アマチュアだけで編成していました。社会人だと金属バットを使っていたので、大学で4年間、木のバットに慣れながら、1996年のアトランタオリンピックを目指すことにしました。

どの大学に進むかを考えたときに、真っ先に頭に浮かんだのは小久保裕紀さんがいる青山学院大学でした。1992年の夏に開催されたバルセロナオリンピックの日本代表に大学生でただ1人選ばれていたのが小久保さんだったのです。

どうすればオリンピックに出られるのだろう。東京六大学リーグからは誰も選ばれていませんでした。小久保さんがいる青山学院大学でプレーしていれば、私にもチャンスがあるかもしれない。そう考えて、青山学院大学を進学先に選びました。

青山学院大学の野球部は当時、選手を集めて強化に力を入れていましたが、猛練習でならすような学校ではありませんでした。全体練習は2時間ほどで、それ以外は自主練習で個々に任されていました。

自分で考えなければ何もできませんが、逆に自分で考えれば、考えただけ練習ができる環境だったとも言えます。とにかく、小久保さんの練習をマネしました。小久保さんはものすごく練習をするのです。

まだ野球界ではウエートトレーニングは重視されていない時代でしたが、小久保さんはそのころから精力的に取り組んでいました。どれぐらいの重さのものをどれぐらいやればいいのか。小久保さんのウエートトレーニングの数字を目標にして、一つずつクリアしていきました。何をどれだけやれば、プロに行ける体になれるのか。具体的なイメージがつかみやすく、助かりました。

大学に入ったころは非力でしたが、1年生からずっと筋力トレーニングばかりやっていたように思います。2年生の春ごろまではあまり成果が出ませんでしたが、2年生の秋から急に打球が飛ぶようになりました。

大学の4年間で体重は10キロ以上増え、胸囲も10センチ以上大きくなりました。ベンチプレスは80キロぐらいしか上げられなかったものが、プロに入るころには120キロまで上がり、背筋力も220キロになっていました。43歳になる年までプロ野球選手をできたのは、このときのトレーニングがベースにあると思っています。

小久保さんの背中を追い掛けたことで、アトランタオリンピックにも出場できて、プロにも入ることができました。ウエートトレーニングと同様に、何を目標にして、どれだけの練習をすれば、どのレベルに達することができるのか。それを目に見える形で小久保さんが示してくれたのです。

福岡ダイエーホークスに入ってからもそれは変わりませんでした。小久保さんは1995年には広い福岡ドームを本拠地にしながら本塁打王にも輝いていました。とにかく真剣に野球に向き合う姿勢が勉強になりました。後輩を引きつける力、引っ張っていく力があります。

大学時代、日米大学野球選手権大会の代表で同部屋になったことがありました。私は代表チームの中でただ1人の1年生でしたが、同じ大学の先輩ということもあって、他の選手と会話するときなど、いろんな場面でリードしてくれました。

今でも何かあると気に掛けてくれます。現役引退を発表した後も、すぐに連絡をくれました。小久保さんが東京で仕事があるときには、一緒に食事をさせてもらっています。何事も吸収しようとする姿勢は本当に頭が下がります。

メンタルトレーニングなど精神力の鍛え方などの勉強や、最近では上に立って人を引っ張っていくためには「伝える力」が大事だという話をしていただきました。言葉一つで人に誤解を与えてしまうことがある。相手のことを考えて伝えないといけない。大学時代、プロ入りした頃に引き続いて、監督としてスタートを切るに当たっても、小久保さんの背中がお手本になっています。

●伸び伸びプレーした方が結果につながる

青山学院大学野球部で指導していただいた河原井正雄監督には今の自分の軸になるものをつくってもらったと思います。とにかく自主トレーニング中心の人でした。当時の大学野球はともすれば前近代的な指導がまかり通っていました。上下関係が厳しく暴力が横行しているようなチームもありました。その意味で青学大は自由でした。小久保裕紀さんのような先輩もいて、どのように練習をすればいいのかを近くで見て学ぶことができる環境が整っていました。

練習メニューも監督が決めるのではなく、自分たちで相談して決めていました。どの試合だったかは忘れましたが、試合中に河原井監督がベンチで怒って吠えていたことがありました。このときも私たちは「監督、勝ちますから。座っていてください」と言っていたほどです。河原井監督は今でも学生たちにそのときのことを話して「お前らも言ってみろ」と言うそうです。

当時は確かに選手がそろっていたこともありましたが、監督が厳しく叱っても、あまりいい結果にはつながらないと思うのです。監督の顔色をうかがいながら畏縮してプレーするよりも、伸び伸びとプレーした方が、絶対にいい結果につながると思っています。

河原井監督には１年生から試合で使ってもらいましたが、私は２年生の春のリーグ戦で全然、打てませんでした。その年の秋、監督が練習で打撃投手をしてくれたことがありました。その翌日の試合で当たりが戻ったのです。それ以来、試合前日の私のフリー打撃に監督が投げるのが恒例になりました。監督が自ら打撃投手を務めたのは、恐らく後にも先にも私だけだと思います。

２０１７年の春のキャンプ前に河原井監督にはその年限りで引退することを伝えていたので、現役で過ごす最後のキャンプにも来ていただきました。石垣島（いしがきじま）に２日ほど滞在してもらいました。監督が訪問していることは誰にも言っていませんでしたが、ブルペンを見に行ったときに、他球団のスカウトの方々に見つかって「何で来ているのだろう」と驚かれてしまったそうです。

監督就任の噂が出ていた頃には「監督なんかやめておけ」と電話をかけてきてくれました。ずっと心配してくれているのだなとうれしく思いました。

●世界のトップを見てみたい

青山学院大学では1年生の春から遊撃手としてレギュラーの座をつかみ、全日本の選抜メンバーにも選ばれました。1年生のときに日米大学野球に出場した際に「日本と違う野球があるんだ」とカルチャーショックを受けました。プレーそのものは大雑把でしたが、とにかくパワーとスピードがすごくありました。

この頃はまだメジャーを意識するところまでは行っていませんでしたが、「いつかはメジャーに行ってもう一度、彼らと試合をしたい」という思いが芽生えていました。まだ漠然としたものでしたが、その後、いろんな国際試合に出場させてもらう中で、その思いは徐々に強くなっていきました。

2年生のときには東都大学リーグで三冠王になり、アトランタオリンピックの候補選手に選ばれました。絶対に代表に残りたいと思っていました。既に書きましたが、もともと國學院大學久我山高を卒業するときにプロから声を掛けてもらったのに、青山学院大学に進んだのはオリンピックに出場するためでした。オリンピックの代表選手として選ばれるためには、2種類のバットを使い分けなければなりません。東都大学リーグでは木製、全日本では金属製。この全く性格が異なる二つのバットを常に持ち歩いて、慣れる必要がありました。

アトランタオリンピックが開催された1996年の2月に米フロリダ州で行われた全日本の合宿。キューバやアメリカの代表チームとの対戦を念頭に、スピードに慣れることをテーマにして取り組みました。

その合宿でミネソタ・ツインズと試合をしました。後にヤンキースでプレーしたチャック・ノブロック選手が活躍していたころです。彼は俊足で守備もうまく憧れました。右打者で二塁手、右方向に強い打球を打つアベレージ・ヒッターで自分と共通項が多く、ずっとお手本にしていました。

野茂英雄（のもひでお）さんがドジャースに移籍して活躍を始めていましたが、どこか遠い世界のことでした。「日本であれだけの投手だったら通用するんだな」とまるで人ごとのように考えていただけです。

野手が大リーグでプレーする姿は想像すらできていませんでした。でも、フロリダでの合宿中にメジャーの球団のスカウトが見に来てくれたことがあって「私ぐらいでも興味を持ってもらえるんだ」と思いました。そのときはまだオリンピックで活躍して、プロ野球に行くことが第一の目標でした。でも、心の片隅にある、一度はトップレベルの大リーグでやりたいという思いが現実味のあるものだと思い始めたのもこの頃です。

大学時代に最も衝撃を受けたのは、キューバの野球です。異次元とすら感じたほどでした。スピードとパワーはもちろん、ダイナミックなバッティング、肩の強さ、走力、そして恐ろしいほどの集中力。ピックオフプレーものすごく巧妙で繊細さを兼ね備えていて、どれを取っても勝てるものがないと痛感させられました。

そのキューバに決勝で敗れて銀メダルに終わりましたが、アトランタオリンピックに出場して一番良かったことは、世界のレベルを大学時代に肌で感じられたことです。

「世界のトップを見てみたい。いつかはメジャーでプレーしよう」

オリンピックが終わって、そう心に誓っていました。実際に試合で戦い、プレーして、自分の実力を測ることもできました。本塁打も2本、打つことができました。漠然とした憧れでしかなかった大リーグが、自分の中では明確な目標に変わっていきました。

●背中で引っ張れる選手になりたい

２００９年に日本球界に復帰するときにいくつかの選択肢がありました。私がプロに入るときにお世話になった福岡ダイエーホークスを引き継いでいた福岡ソフトバンクホークスをはじめ、数球団からお誘いをいただきました。

その中で千葉ロッテマリーンズを選びました。このときのロッテは決して順風満帆な状況ではありませんでした。球団は前年２００８年12月にボビー・バレンタイン監督を09年限りで退任させるという異例の発表をしていました。当時、球団経営が苦しい時期でもあり、チームは人気を集め結果も残していた監督を敢(あ)えて交代させて、改革へ舵(かじ)を切っていました。

私はダイエーに入団することを決めたときもそうですが、強い球団に入ることよりも、自分がチームに入ることで勝てるようにしたいという思いの方が強くあります。ホークスは既に出来上がっているチームでした。その中に入って自分の力を出すよりも、前年の２００８年に4位でクライマックスシリーズ進出を逃していたロッテに入って、優勝できるチームに押し上げたいという気持ちが強くありました。

ロッテに入ることが発表されたのは２００９年1月20日。キャンプが始まる直前になっていました。5年ぶりの日本球界復帰。ダイエー時代は先輩を追い掛ける立場でしたが、今度は自分が引っ張っていかないといけない立場だと自覚していました。しかもロッテでは生え抜きの選手ではありません。自分の加入を良く思っていない選手もいるかもしれない。その中でチームを引っ張っていくためには、自分の野球に打ち込む姿勢を認めてもらうしかありません。

沖縄・石垣島で行われるキャンプには最初から全力で入りました。全体練習が始まるよりも1時間以上早く球場に入り、トレーニングを始めました。大リーグ時代、キャンプ中はいつも日の出の頃には球場に向かっていました。大リーグのキャンプは練習時間が短いと思われがちですが、実際には違います。全体練習が昼過ぎに終わるのは事実ですが、選手は全体練習以外の時間で自分の課題に向き合っています。

日本では朝が早いと自負している私ですが、大リーグ時代、早朝にクラブハウスに行くと、既にトレーニングルームで体を動かしている選手や、打撃ケージで黙々と打ち込んでいる選手に何人も出会ったものです。しかもそれは若手選手が早朝に出てきて練習しているのではありませんでした。ほぼ例外なくスター選手ほど練習量をこなしていました。

口で大リーグの選手はたくさん練習をしているんだよと言うよりも、実際の行動でメジャーの選手の野球への姿勢をロッテの選手にも感じてほしくて早朝練習に取り組みました。

もう一つ、自分が福岡ダイエーホークスに入ったときにベテラン選手に感じた違和感から決めていたことがあります。口だけで体が動かないような人たちがいっぱいいました。将来、自分がベテランになったときに、絶対にああいう選手にはならない。反対に、秋山幸二さんや小久保裕紀さんのように、若手に何も口では言わないけれど、背中で引っ張れる選手になりたい。

秋山さんや小久保さんに教えてもらったこと。それはレギュラー選手としての心構えのようなものです。練習に取り組む姿勢はもちろんですが、チームが強くなるためには、みんなが好き勝手にやっていてはいけません。体が少し痛いからといって試合を休むような選手がレギュラーでいられるチームが強いわけがありません。

当時のロッテにはバレンタイン監督のレギュラーにも適度に休養を与えるという方針もあって、全試合出場している選手がいませんでした。ともすれば簡単に休んでしまう。そういう甘えのような部分が強くありました。

もともとシーズン中に体調が本当に良いときというのは30試合にも満たないと思います。

体調が悪くても、どこか体に痛いところがあっても、誤魔化しながら成績を残していくのがプロの選手の務めだと思っています。レギュラーである以上は、簡単には休まないという姿勢を見せようと考えていました。自分が理想の選手として振る舞うことで、みんながついてきてくれればと願ってグラウンドに立ち続けました。

●チームプレーに徹する

打席ではチームプレーに徹することを意識しました。自分の成績は二の次にして、試合展開や状況を常に考えてプレーする。私はコーチではありませんから、その領域だけは侵さないように、選手として当たり前のことを当たり前のこととして行うことで、チームを変えていきたいと思っていました。

開幕2戦目の4月4日の西武戦でした。五回にチームが5－4と逆転してなお1死二塁で打席が回ってきました。3球続けてボールとなった後の4球目、ベンチからは「打て」のサインが出ていましたが、投手がモーションに入ったときに二塁走者の西岡剛内野手がスタートを切ったのが見えました。

「三盗は成功する」

そう確信した私は見送りました。ストライクを取られたとしても3ボール1ストライクと打者有利のカウントのまま1死三塁の場面をつくれます。野球においては、無死三塁、1死三塁のシチュエーションをつくるのは非常に重要です。1死までで三塁に走者を置くということは、内野ゴロでも外野フライでも1点が入ることを意味します。このときは、その直後に左前へタイムリーヒットを打ってリードを広げ、ロッテの2009年の初勝利に貢献できました。

チームのことを考えてプレーする姿は、徐々に若手選手の間に伝わっていきました。二遊間を組んでいた西岡剛内野手が私のことを信じてついてきてくれました。私が移籍2年目の2010年にはキャプテンに就任して、チームを引っ張ってくれるまでになっていました。

前年までのロッテは、キャンプではそれほど厳しい練習をしていませんでした。それが西岡が毎日、私と一緒にアーリーワークから動いて、率先して泥まみれになるまで特守でノックを受けたことで、周囲に変化が生まれました。

ことあるごとに「キャプテンとして見本を見せろ」と話していましたが、最初のころはピンと来ていないようでした。試合に出続けるように言っても「何でですか」と理解できずに聞き返していました。

私は福岡ダイエーホークス時代の２００４年に１安打の差で最多安打のタイトルを逃したことがあります。けがで出場できなかった試合がなければ、タイトルを取れていたかもしれないという経験を話して聞かせました。「頑張れば、必ずご褒美があるから」。その言葉を信じて出場を続けてくれました。

西岡はこのシーズン、１４４試合に全試合出場して打率３割４分６厘で２０６安打を放ち、首位打者と最多安打のタイトルを獲得。彼自身も大リーグに挑戦するきっかけになりました。選手としての成長を手助けできたのではないかと思っています。

今で言えば、鈴木大地選手がレギュラーとしての自覚を持ってプレーするようになっています。現役時代の終盤、大地にも「とにかく試合に出続けろ」と話をしていました。西岡の例を挙げながら「チームには試合に出続けないといけない人がいる。それがお前なんだ」ということを伝えていました。

チームには核になるべき選手というのがいます。大地は人間性もすごくいいし、いずれ指導者になる人材だと思います。自分では意識していないかもしれませんが、若い選手はずっと見ているものです。「若い選手の手本になってほしい」という話をしています。

もちろん、大地だけでなく若い選手を食事に連れて行っては、打撃の話などをします。でも、それは正解が何かを示すのではなく、それぞれの選手の打撃の引き出しを一つでも増やしてあげられればと思ってのことです。「こうした方がいい」とか「こうしろ」とこちらが言うのではなく、最終的には本人が結論を考えて選ぶべきだと思っています。

変に与え過ぎると頭でっかちになってしまいます。「こう言われていたから」と自分で考えることなくやってしまうと、正反対のことになりかねません。自分の経験談を含めていろんな話をしてあげることで、選択肢を少しでも多くしてあげたいのです。最後にやるのは結局、選手本人です。そのためのヒントになればと思っています。

ロッテの若手選手は、1年活躍しても、翌年は成績が落ち込んでしまう選手がまだまだ多いのが現状です。ロッテは伝統的にどうしても甘いところがあるので、それを変えたい。もっと勝利に貪欲(どんよく)になってほしいと思っています。1人でも2人でも多く、自覚を持って練習やプレーに打ち込める選手が出てきてくれればと願っています。

ロッテでの9年間は、ベテラン選手として自分の経験を若い選手に伝えていくことが私の役割だったのだと思います。勝てないチームはベテランが好き勝手にやっていて、チームがバラバラになっていることがあります。上にいる人間が手本を見せないといけない。何かを教えるということではなく、プレーでも私生活でもきちっとやるべきことをやるのが大事だと思います。

私が意識していたのは、試合の中で自分がやるべき仕事をきっちりこなすことでした。そういう姿を見て若い選手が育ってきてくれればと願っていました。これからは監督として立場は変わりますが、基本的な考え方は一緒です。全員がやるべき役割を果たすための努力を尽くすことが勝利につながるはずです。

第6章　新生マリーンズの進む道

●選手がプレーに打ち込める環境をつくること

２０１７年10月12日にロッテ球団から監督就任が正式に発表されました。それから秋季練習、秋季キャンプを経て11月には台湾・台北近郊の桃園でアジアプロ野球チャンピオンシップに出場する台湾代表との練習試合を行いました。このときに対外試合で初めて指揮を執りました。

３試合を戦って３連勝。選手は積極的な打撃と走塁を見せてくれました。惜しくもアウトにはなりましたが、11月10日の第１戦で平沢大河内野手が中越えの当たりで迷いなく二塁を蹴って三塁を狙うなど、一つでも先の塁を奪おうとしてくれたのは収穫でした。

ただ、私はイライラしっぱなしでした。選手のときにもベンチで試合の展開や流れを感じながら試合を見ていましたが、そのときとは心の持ちようが全く違うのです。まだリードしている展開で余裕があるはずなのに、送りバントやヒット・エンド・ランのサインを出しても失敗すると、「どうしてできないんだ」とついイラついてしまう自分がいました。

でも、サイン通りに試合が運ばないのは当然のことなのです。監督経験がある方々にいろいろ話を聞きましたが、皆さんに言われたことは「イレギュラーなことの方が多いよ」

ということでした。

サインを出すときはどうしても成功することしか頭にありません。当然のことですが、失敗することを前提にサインは出しません。そのために結果として失敗するとカリカリとしてしまいます。しかし、野球はもともと失敗のスポーツです。そのことを練習試合ながら3試合、経験して痛感しました。

サインを出して選手がそれに応えられなかったときには、それはサインを出した自分の責任なんだと思うようになりました。現役時代、ベンチで不機嫌になる監督の姿を見るのは嫌なものでした。イライラした気持ちが湧き起こったときには、そのことを思い出して、ベンチの中でネガティブな感情は出さないようにしようと思っています。

よくキャッチャーから聞く不満として、完封すれば投手がヒーローで、打たれれば自分の配球ミスと責められるというものがあります。監督になって、初めてキャッチャーの気持ちが分かるようになるのかもしれません。

試合後のメディアの取材に対しても、シカゴ・ホワイトソックス時代にオジー・ギーエン監督は、絶対に選手を悪く言うことはありませんでした。あれだけ失言が多く、口が悪い人でしたが、どんなにひどい負け方をした試合の後でも選手を非難することはしませんでした。これは大リーグの監督には全般に言えることだと思います。

うまくいけば選手の成果、失敗すればサインを出した監督の責任。もちろん、失策などミスで負けた試合では、その選手の名前を挙げることはあるかもしれませんが、試合の結果の責任は監督が背負うものだと思っています。

選手は新聞やテレビなどの報道でしか、監督が何を言ったのかを知ることができません。そこで自分のことが名指しで批判されていることを知るのは、選手のモチベーションを下げることはあっても、上げることは絶対にありません。監督の一番の仕事は、選手がプレーに打ち込める環境をつくることだと思っています。

●伝える力

監督として自分がやりたいことを実現させるためには、コーチ陣の助けが不可欠です。そのために、いつか監督になったときに一緒にやりたいと考えていた人たちに声を掛けさせていただきました。ノースアジア大学でコーチをしていた金森栄治さん、2017年まで福岡ソフトバンクホークスで内野守備・走塁コーチとして鉄壁の守備陣を鍛え上げた鳥越裕介さん、同い年で2017年まで阪神タイガースの2軍打撃兼野手総合コーチをしていた今岡真訪（いまおかまこと）さんをはじめとして全員が快諾してくれ、集まってくれました。それぞれ仕事がある中で、断られることもあると思っていたので、これは本当にありがたいことです。

今回、私が監督に就任するにあたってコーチをお願いした人たちに共通しているのは「伝える力」を強く持っていることです。選手に対して「ああしろ」「こうしろ」と上から指導するのではなくて、ふとした瞬間のアドバイスであるとか、悩んでいる選手へのちょっとしたヒントを与えられる力を持っている人に、コーチとして手伝ってほしかったのです。


金森さんには私も現役時代に打撃コーチとしてお世話になりましたが、今回、どうしても来てほしかったのは、私が取り組んだ「引きつけ打法」を教えてほしいからではありません。技術的なことは、それぞれの選手の適性もあるので、一つの型にはめてもうまくいきません。金森さんから学んでほしいことは、打撃論よりも野球への取り組み方や、考え方そのものです。

金森さんと一緒にいると、野球につながるヒントは、どこにでも転がっているということに気付かされます。何か特別なことではなく、普段の生活の中に、上達するヒントは隠れているのです。

金森さんは常にそのことを考えているのです。道を歩いている人を見ていて、突然、質問されたことがあります。

「何で女性は買い物袋を肘にかけて持つのだと思う?」

言われてみれば、確かに女性は肘にかけているなとは思いますが、それに理由があることを考えたこともありませんでした。

「脇を締めた方が、開いているよりも力が入る。だから肘に買い物袋をかけていれば無意識のうちに脇が締まることで、結果として楽に重い荷物を持つことができる」

聞いてみれば、案外、当たり前のことです。でも、そこに体の使い方やボールへの力の伝え方の大事な要素が含まれているのです。何気ない動きの一つ一つが理にかなっていて、そのことを理解することが、野球を上達させるヒントになっていることがよく分かります。ちょっとした意識の持ち方に気が付くだけで、成長する可能性があることを選手に知ってほしいのです。

そしてもう一つ、今回のコーチ陣には共通点があります。それはベテランであろうと若手であろうと関係なく、同じことを言ってくれる人たちだということです。チームの中にイエスマンは必要ないと思っています。監督に対しても間違っていることは間違っていると直言できる人たちに集まってもらいました。

ヘッドコーチをお願いした鳥越さんは、現役を引退した後、2007年から福岡ソフトバンクホークスでコーチや2軍監督として鉄壁の守備陣をつくり上げました。2017年はチーム失策がわずか38で、1991年の西武ライオンズに並ぶプロ野球最少記録です。しかも西武の記録は130試合制の時代のものですから、143試合制の現在を考えると実質的には断トツの数字です。守備の意識をチームに徹底して植え付けることができたのは、ベテランだろうが若手だろうが、ちゃんと叱ることができたからだと思います。今までのロッテに足りなかった部分を補うことができたのではないかと思っています。

●3本のライン

福岡ダイエーホークスに在籍していたとき、当時の中内正(なかうちただし)オーナーからよく聞いた言葉があります。

「チームには3本のラインがあって、絶対に交わることはないけれど、少しでも近くならないと優勝できない」

オーナーをはじめとするフロント、監督やコーチ、そして選手。この3者が一体にならないとチームは強くなれないという教えだったと思っています。

ダイエーを振り出しに、大リーグではシカゴ・ホワイトソックス、フィラデルフィア・フィリーズ、サンディエゴ・パドレス、そして日本に戻って千葉ロッテマリーンズ。いろいろなチームでプレーさせてもらって、中内オーナーの言葉に納得しています。

野球のシーズンは2月のキャンプに始まって、日本シリーズが終わるまで9カ月の長丁場です。全員が主役になれるわけではない。脇に回って、誰かのために犠牲にならないといけない場合もある。1年間、戦っていれば、正直、納得のいかないことだってあります。それでも優勝するチームというのは、全員の気持ちのベクトルが勝利という同じ方向へ向かっていると思える瞬間があるものです。

3本のライン。選手から立場が監督に変わる今だからこそ、改めて肝に銘じようと思っています。

●プロ野球選手の「責任」

プロ野球選手には慈善活動をする責任があると思っています。プロ野球選手になる夢が叶(かな)ったのは、頑丈な体に恵まれたお陰です。病気などで思うように走り回ることができない子どもたちの力に少しでもなれるなら、それが恵まれた体を与えてもらったことに対する「恩返し」になると思うのです。

プロに入る前から慈善活動に取り組んでいましたが、プロ入りしてからはより積極的に取り組んできたつもりです。新人だった１９９７年から出身地の西東京(にしとうきょう)市をはじめとしてその年の成績に応じて、車いすを贈ってきました。チームの成績だけでなく、現役時代に個人の成績にもこだわってきたのは、プロ野球選手の評価としても大事なことは当然ですが、より多くの車いすを贈りたかったからです。

実は子ども用の車いすは大人用に比べて高価な上、体の成長に合わせてサイズをどんどん変えていかないといけません。自分が少しでもいい成績を残すことで、多くの子どもたちに届けられればいいなと思ってやってきました。

福岡ダイエーホークス時代、これらの活動を、チームを通して行うだけでなく、個人としてもっと本格的に行いたいと考えていたとき、同級生の知人で医療系のチャリティーをしている方と知り合い、相談させてもらいました。その方の協力を得て、２００１年に「愛基金」を設立。川﨑宗則内野手や和田毅投手などチームメートや、その後に阪神の鳥谷敬内野手ら他のチームの選手も多く参加してくれて活動を続けてきました。シーズン中に地方へ遠征した際には、こども病院を訪ね、シーズンオフには病院の慰問と野球教室をセットにして企画してもらって、子どもたちに会いに行っています。

子どもたちに元気を届けたいというのが一番ですが、それだけではありません。実際に病院へ慰問に行くと分かるのですが、病気を抱えている子どもたちはもちろん、看護にあたっている家族の苦労は大変なものです。子どもたちのケアをしているお母さんたちが少しでもほっとできるような場をつくってあげられればと思うのです。

自分たちは直接には何もできません。私たちが病院に駆け付けたからといって、病気が治るわけではありません。それでも心臓移植のように高額な治療費がかかり、助けを必要としている子どもたちがいます。自分たちが協力することでメディアに紹介されて、少しでも子どもたちの手助けになればと思います。

2011年に東日本大震災が起きたあとには、東北の被災地を中心に支援活動をさせていただきました。義援金を届けたり、避難所への慰問をしたり、避難所の方々を球場に招待したり、被災地で少年野球教室を開催したりしました。

2016年の熊本地震のときには、プロ野球選手としてスタートを切った九州の地が甚大な被害を受けているのを見て、居ても立ってもいられませんでした。倒壊しかけた宇土市の新市庁舎建設のために、インターネットを通じて支援を訴えさせてもらい、皆さんの協力のお陰で600万円以上を贈ることができました。

プロ野球選手は、野球技術が高いからプロ野球選手でいられるのではありません。プレーを見て、それにお金を払ってくれるファンの皆さんがいて、初めてプロの選手として生活できます。ファンの方々をはじめとして、野球界を支えてくれる全ての人に恩返しをするのはプロ野球選手として当然のことだと思っています。

●「野球バカ」にはなりたくない

高校時代、母には練習を手伝ってもらいましたが、逆に父から野球のことについて何かを言われた記憶はありません。父も学生時代は野球をしていて、少年野球のコーチもしていました。それでも技術的なことや進路の決定も含めて、口を出さずにずっと見守ってくれました。その時々で思うことはきっとあったのだと思います。それでも私を信じて任せてくれました。そのことが自分で考える力を育ててくれたのだと思います。

もう一つ、私の中で親から教えられて大事にしていることがあります。小学5年生の秋だったと思います。軟式の少年野球チームで6年生が引退して、最上級生となり、新チームのキャプテンを決める時期でした。私はチームメートにキャプテンになりたいと思っている友達がいることに気付いていましたが、自分が当然、なるものだと思っていました。

同級生に野球だけでなくスポーツで負けたことはありません。「立候補すれば、絶対に誰にも負けない」。そう思っていることを母に話したときでした。母にはほとんど怒られた記憶はないのですが、そのとき初めて「周りの人の気持ちを考えなさい」と厳しく言われたことをよく覚えています。自分のことを考える前に、周囲の人の気持ちを考える。私が物事を考えるときのベースにしていることです。

いつも心掛けていることがあります。「野球バカ」にはなりたくない。どんなに野球の世界で成功しようとも、野球界のことしか知らないような人間にはなりたくない。そう強く思っています。

プロ野球選手として現役だったとき、常に自分は國學院大學久我山高校の野球部で一緒に戦った仲間たちに置いて行かれていると感じていました。高校時代のチームメートは、その後にそれぞれ大学に進み、社会に出ています。私は野球の世界では成績を残せたと思いますが、社会に出た経験がありません。

高校時代の同級生やチームメートが大学を卒業して社会に出たことを考えると、私は既に21年、遅れていることになります。少しでも追い付きたくて、オフにはなるべく野球界の外の人たちの話を聞くようにしています。

野球教室などを通じて知り合った方々には、病院慰問などの活動を通して自分の知らないことを多く教えていただきました。同級生を含めて、社会のために企業や地域で働いている人たちの姿に刺激を受けています。

プロとしてスタートを切ったときに、幸いなことに人間として尊敬できる王貞治監督の下で学ぶことができました。今回、引退に当たってこの本で、自分を成長させてくれた指導者の方々、先輩や同僚や後輩のことを記しましたが、全ての人たちのお陰で幸せな野球人生を送らせていただきました。

これからは自分を育ててくれた野球界へ恩返しをしないといけないと思っています。それと同時に、社会人として自分をもっともっと磨かないといけないと思っています。

現役時代からずっと座右の銘として自分に言い聞かせている言葉があります。

「実るほどこうべを垂れる稲穂かな」

常に謙虚でありたい。それは他者への気遣いでもあり、自分にとっても重要なことだと思っています。自分のことを謙虚に受け止めることができれば、自分の足りないことや間違っていることに気が付くことができます。逆に謙虚さを失い、自分が成功したと思って満足してしまえば、それ以上の進歩はありません。成長を止めてしまうのは、結局、自分なのだと思います。

私は様々な壁にぶつかり、もがきながらそれらを乗り越えて成長してきました。一生懸命に取り組んでいれば、その時々で進むべき道を示してくれる人との出会いがあると信じています。千葉ロッテマリーンズの選手たちも変わることを恐れず前に進んでいってほしいと願っています。

2018年3月30日、千葉ロッテマリーンズは本拠地のZOZOマリンスタジアムで開幕を迎えます。新米監督としてどのような戦いができるのかは分かりません。でも、一つだけ言えることがあります。誰よりも好きな野球に対して、全力を尽くすことを約束します。秋に選手たちと、ファンの皆さんと喜びを分かち合えるように、全身全霊を注ぐつもりです。

構成／石原秀知
協力／株式会社パムズ

記録アラカルト

●盗塁王 2回

(2001年、03年)

●ベストナイン 3回

(二塁手　2001年、03年、04年)

●ゴールデングラブ賞 3回

(二塁手　2001年、03年、04年)

●月間MVP 3回

(2004年8月、11年5月、13年5月)

●日本シリーズ優秀選手賞

(2003年)

●オールスターゲーム出場 9回

(2001～04年、09～13年)

●30本塁打・40盗塁

(2001年、プロ野球史上3人目)

●1試合4二塁打

(2003年7月26日　プロ野球タイ記録)

●5試合連続猛打賞

(2003年6月3日～8日　パ・リーグ制、プロ野球タイ)

●全打順本塁打

(2009年4月7日、プロ野球史上7人目)

井口資仁　年度別打撃成績

年度	球団	試合	安打	二塁打	三塁打	本塁打	打点	盗塁	犠打	犠飛	四球	打率	出塁率	長打率
1997	ダイエー	76	44	6	3	8	23	3	2	1	24	.203	.304	.369
1998	ダイエー	**135**	93	18	4	21	66	12	15	4	28	.221	.280	.432
1999	ダイエー	116	83	15	1	14	47	14	4	3	38	.224	.310	.384
2000	ダイエー	54	40	9	2	7	23	5	5	1	15	.247	.317	.457
2001	ダイエー	**140**	144	26	1	30	97	**44**	9	2	61	.261	.346	.475
2002	ダイエー	114	111	14	1	18	53	21	5	2	27	.259	.317	.423
2003	ダイエー	135	175	37	1	27	109	**42**	1	6	81	.340	.438	.573
2004	ダイエー	124	170	34	2	24	89	18	0	**8**	47	.333	.394	.549
2005	シカゴ	135	142	25	6	15	71	15	11	6	47	.278	.342	.438
2006	シカゴ	138	156	24	0	18	67	11	8	2	59	.281	.352	.422
2007	シカゴ	90	82	17	4	6	31	8	1	3	44	.251	.340	.382
2007	フィラデルフィア	45	42	10	0	3	12	6	1	3	13	.304	.361	.442
2007計		135	124	27	4	9	43	14	2	6	57	.267	.347	.400
2008	サンディエゴ	81	70	14	1	2	24	8	1	0	26	.231	.292	.304
2008	フィラデルフィア	4	2	1	0	0	0	0	0	0	0	.286	.286	.429
2008計		85	72	15	1	2	24	8	1	0	26	.232	.292	.306
2009	ロッテ	123	126	24	3	19	65	4	0	1	68	.281	.391	.475
2010	ロッテ	143	156	**44**	1	17	103	2	0	7	**98**	.294	.412	.476
2011	ロッテ	140	135	23	3	9	73	1	0	7	72	.265	.362	.375
2012	ロッテ	140	129	30	1	11	60	3	0	4	53	.255	.343	.384
2013	ロッテ	135	144	31	2	23	83	4	0	4	67	.297	.390	.511
2014	ロッテ	109	85	24	0	10	49	1	0	3	40	.238	.326	.389
2015	ロッテ	87	56	17	1	6	28	1	0	0	21	.247	.316	.410
2016	ロッテ	79	39	8	0	5	34	1	0	3	19	.257	.341	.408
2017	ロッテ	65	30	7	0	2	15	0	0	2	19	.244	.340	.350
NPB：17年		1915	1760	367	26	251	1017	176	41	58	778	.270	.358	.450
MLB：4年		493	494	91	11	44	205	48	22	14	189	.268	.338	.401

※各年度の太字はリーグ最高

井口資仁（いぐち・ただひと）
1974年12月4日、東京都生まれ。國學院久我山高から青山学院大を経て、ドラフト1位で97年に福岡ダイエー入団。2001年、03年に盗塁王。主軸として活躍しチームを3度のリーグ優勝に導く。05年よりMLBへ。ホワイトソックス、フィリーズ、パドレスでプレー。ワールドチャンピオンに輝く。09年より千葉ロッテに移籍し、10年の日本一に貢献。13年、日米通算2000本安打を達成。17年に現役引退し、千葉ロッテの監督に就任。

変わろう。
壁を乗り越えるためのメッセージ
井口資仁

2018年 3月10日　初版発行

発行者　郡司 聡
発　行　株式会社KADOKAWA
〒102-8177　東京都千代田区富士見2-13-3
電話　0570-002-301（ナビダイヤル）
装 丁 者　緒方修一（ラーフイン・ワークショップ）
ロゴデザイン　good design company
オビデザイン　Zapp!　白金正之
印 刷 所　暁印刷
製 本 所　BBC

角川新書

ISBN978-4-04-082201-3 C0295